中华文明文化丛书·国风新绘

增广贤文

任犀然　编著

人民东方出版传媒
People's Oriental Publishing & Media
东方出版社
The Oriental Press

⇑ 享誉海内外的学界泰斗、书画大师饶宗颐先生（1917—2018）为任犀然著作题词。

⇑ 中央文史研究馆馆长、北京大学国学研究院院长袁行霈先生为任犀然著作题词。

↑ 中央文史研究馆馆长、北京大学国学研究院院长袁行霈先生为任犀然著作作序。

↑ 国家语言文字工作委员会主任、北京师范大学中国文化院院长、北京师范大学原副校长、第九届和第十届全国人大常委会副委员长许嘉璐先生为任犀然著作作序。

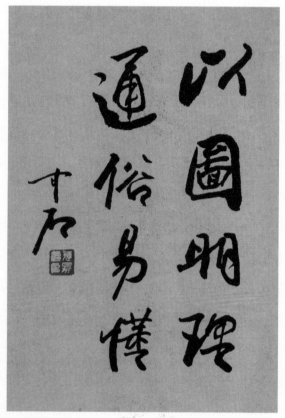

↑ 中国著名学者、教育家、书法家，中央文史研究馆馆员欧阳中石先生（1928—2020）为任犀然著作题词："以图明理，通俗易懂。"

⇐ 中国著名艺术家、中国工艺美术学会名誉会长、中央文史研究馆馆员、清华大学教授韩美林先生为任犀然著作作序。

前 言

大家都知道，会读书的人有两种书是一定要读的，一种是经典书，还有一种是社会这部"书"，两种书合在一起就是"贤文书"。我们的先圣贤人和先民，他们用世世代代的生命实践总结出一些生活经验、人生哲理，千百年来一直被验证，被大多数人所认同，有心人将其记录下来，整理出来就是贤文书。我们现在读的这本是流传最广的《增广贤文》。

《红楼梦》有联云："世事洞明皆学问，人情练达即文章。"《增广贤文》可以说是古人处世智慧的总结，它将为人处世、治家劝学、言谈举止、待人接物、居官从政、理财营生、修身自律、人生得失与成败都凝结为语重心长的话语，通俗易懂，朗朗上口，听之难忘，让人不由自主地从心里称是。

过去将《增广贤文》列入蒙学范围，没有机会进学的人都耳熟能详。书中反映出来的先人的自然观、神道观、道德观、伦理观、历史观、价值观，比专属文人学士的大雅之作更为充分和鲜明，有心的史家、学者、管理者都十分关注并研究，《增广贤文》在思想史、文化史、教育史上都有不可替代的价值。

本书是全面展示和诠释《增广贤文》的精心之作，具有以下主要特点：

一、《增广贤文》流传极广，版本甚多，本书参考清代硕果山人《训蒙增广改本》、清代儒生周希陶于同治年间修订的《增广贤文》、上海昌文书局《全本增广贤文》（1937年版）等最具影响力和代表性的版本，综合各家之长，严谨整理、修订出非常通行且普适的条目。

二、《增广贤文》有着很强的实用性和很大的覆盖范围，其中的许多话语都是尽人皆知的警语箴言，对于《增广贤文》的解读，一定要切中实际世态人情，剖析奥妙，彰显智慧，还要以人间正道的精神做依归。本书一应俱全。

三、以史为鉴，方可深入领会圣贤不朽的教诲箴言。本书用大量的历史实例来诠释贤文极通俗又极深刻睿智的话语，引人入胜，发人深省。

四、人类的生存智慧，世界上不同地域、不同国家、不同民族有相通之处也有差异之处，但根植于人性的人类基本精神和道德原则是大体一致的。本书针对《增广贤文》各条目主旨，收录与之相关的中外名言，使读者能以世界古今的宏大视野体味和思考。

五、本书精心构思、绘制近300幅表现贤文与案例之主题的图画，以"国风新绘"之画法，着意于图画本身表意传情的作用，见图知义，赏心悦目，有助理解记忆。

这是一部版本可靠、解说明白、图文并茂、阅读起来愉悦有趣的《增广贤文》。

任犀然

2023年3月

目 录

昔时贤文，诲汝谆谆。集韵增广，多见多闻…………… 3

观今宜鉴古，无古不成今 ………………………………… 3

知己知彼，将心比心 ……………………………………… 4

酒逢知己饮，诗向会人吟 ………………………………… 5

相识满天下，知心能几人 ………………………………… 5

相逢好似初相识，到老终无怨恨心 ……………………… 6

近水知鱼性，近山识鸟音 ………………………………… 7

易涨易退山溪水，易反易覆小人心 ……………………… 8

运去金成铁，时来铁似金 ………………………………… 9

读书须用意，一字值千金 ………………………………… 10

逢人且说三分话，未可全抛一片心 ……………………… 11

有意栽花花不发，无心插柳柳成荫 ……………………… 12

画虎画皮难画骨，知人知面不知心 ……………………… 13

钱财如粪土，仁义值千金 ………………………………… 14

流水下滩非有意，白云出岫本无心 ……………………… 17

路遥知马力，事久见人心 ………………………………… 18

两人一般心，无钱堪买金 ………………………………… 19

一人一般心，有钱难买针 ………………………………… 19

相见易得好，久住难为人 ………………………………… 20

马行无力皆因瘦，人不风流只为贫 ……………………… 21

红粉佳人休使老，风流浪子莫教贫 ……………………… 21

饶人不是痴汉，痴汉不会饶人 …………………………… 22

为人莫做亏心事，半夜敲门心不惊 ……………………… 23

是亲不是亲，非亲却是亲 ………………………………… 24

美不美，乡中水；亲不亲，故乡人 ……………………… 24

莺花犹怕春光老，岂可教人枉度春 ……………………… 25

相逢不饮空归去，洞口桃花也笑人 ……………………… 25

在家不会迎宾客，出门方知少主人 ……………………… 26

客来主不顾，应恐是痴人 ………………………………… 26

黄芩无假，阿魏无真 ……………………………………… 27

当时若不登高望，谁知东流海洋深……………………… 28

1

贫居闹市无人问，富在深山有远亲 …………………… 29

有钱道真语，无钱语不真 ……………………………… 29

不信但看筵中酒，杯杯先敬有钱人 …………………… 29

谁人背后无人说，哪个人前不说人 …………………… 30

闹里有钱，静处安身 …………………………………… 30

来如风雨，去似微尘 …………………………………… 31

长江后浪推前浪，世上新人赶旧人 …………………… 31

近水楼台先得月，向阳花木早逢春 …………………… 32

古人不见今时月，今月曾经照古人 …………………… 32

先到为君，后到为臣。莫道君行早，更有早行人 …… 33

一年之计在于春，一日之计在于晨 …………………… 34

一家之计在于和，一生之计在于勤 …………………… 34

自恨枝无叶，莫怨太阳偏 ……………………………… 35

责人之心责己，恕己之心恕人 ………………………… 35

守口如瓶，防意如城 …………………………………… 36

宁可负我，切莫负人 …………………………………… 37

再三须重事，第一莫欺心 ……………………………… 37

虎生犹可近，人熟不堪亲 ……………………………… 38

来说是非者，便是是非人 ……………………………… 39

远水难救近火，远亲不如近邻 ………………………… 40

有茶有酒多兄弟，急难何曾见一人 …………………… 41

人情似纸张张薄，世事如棋局局新 …………………… 42

山中自有千年树，世上难逢百岁人 …………………… 43

力微休重负，言轻莫劝人 ……………………………… 44

无钱休入众，遭难莫寻亲 ……………………………… 44

平生莫作皱眉事，世上应无切齿人 …………………… 45

士者国之宝，儒为席上珍 ……………………………… 45

若要断酒法，醒眼看醉人 ……………………………… 46

求人须求英雄汉，济人须济急时无 …………………… 47

渴时一滴如甘露，醉后添杯不如无 …………………… 47

久住令人贱，贫来亲也疏 ……………………………… 49

酒中不语真君子，财上分明大丈夫 …………………… 50

积金千两，不如明解经书 ……………………………… 51

养子不教如养驴，养女不教如养猪 …………………… 56

有田不耕仓廪虚，有书不读子孙愚 …………………… 58

仓廪虚兮岁月乏，子孙愚兮礼义疏 …………………… 58

听君一席话，胜读十年书 ……………………………… 60

人不通古今，马牛而襟裾…………………………………… 60

茫茫四海人无数，哪个男儿是丈夫…………………………… 61

美酒酿成缘好客，黄金散尽为收书…………………………… 61

城门失火，殃及池鱼…………………………………………… 62

救人一命，胜造七级浮屠……………………………………… 63

庭前生瑞草，好事不如无……………………………………… 64

欲求生富贵，须下死功夫……………………………………… 66

百年成之不足，一旦败之有余………………………………… 68

人心似铁，官法如炉。善化不足，恶化有余………………… 69

水至清则无鱼，人太急则无智………………………………… 71

智者减半，愚者全无…………………………………………… 72

在家由父，出嫁从夫。痴人畏妇，贤女敬夫………………… 73

是非终日有，不听自然无……………………………………… 75

宁可正而不足，不可邪而有余………………………………… 76

宁可信其有，不可信其无……………………………………… 77

竹篱茅舍风光好，道院僧房终不如…………………………… 78

命里有时终须有，命里无时莫强求…………………………… 79

道院迎仙客，书堂隐相儒……………………………………… 80

庭栽栖凤竹，池养化龙鱼……………………………………… 80

结交须胜己，似我不如无……………………………………… 81

但看三五日，相见不如初……………………………………… 81

人情似水分高下，世事如云任卷舒…………………………… 82

磨刀恨不利，刀利伤人指……………………………………… 83

求财恨不多，财多害自己……………………………………… 83

知足常足，终身不辱。知止常止，终身不耻………………… 84

有福伤财，无福伤己…………………………………………… 86

差之毫厘，失之千里…………………………………………… 87

若登高必自卑，若涉远必自迩………………………………… 88

三思而行，再思可矣…………………………………………… 88

使口不如亲为，求人不如求己………………………………… 89

小时是兄弟，长大各乡里……………………………………… 89

妒财莫妒食，怨生莫怨死……………………………………… 90

人见白头嗔，我见白头喜。多少少年亡，不到白头死…… 90

墙有缝，壁有耳………………………………………………… 91

好事不出门，恶事传千里……………………………………… 92

贼是小人，智过君子…………………………………………… 93

君子固穷，小人穷斯滥矣……………………………………… 94

贫穷自在，富贵多忧…………………………… 95

不以我为德，反以我为仇………………………… 96

宁向直中取，不可曲中求………………………… 97

人无远虑，必有近忧……………………………… 98

知我者谓我心忧，不知我者谓我何求…………… 99

晴天不肯去，直待雨淋头………………………… 100

成事莫说，覆水难收……………………………… 101

是非只为多开口，烦恼皆因强出头……………… 102

忍得一时之气，免得百日之忧…………………… 103

近来学得乌龟法，得缩头时且缩头……………… 104

惧法朝朝乐，欺公日日忧………………………… 104

人生一世，草木一春……………………………… 105

黑发不知勤学早，转眼便是白头翁……………… 105

月过十五光明少，人到中年万事休……………… 105

儿孙自有儿孙福，莫为儿孙作马牛……………… 106

人生不满百，常怀千岁忧………………………… 106

今朝有酒今朝醉，明日愁来明日忧……………… 107

药能医假病，酒不解真愁………………………… 107

路逢险处难回避，事到头来不自由……………… 108

人平不语，水平不流……………………………… 109

一家养女百家求，一马不行百马忧……………… 110

有花方酌酒，无月不登楼………………………… 110

深山毕竟藏猛虎，大海终须纳细流……………… 111

惜花须检点，爱月不梳头………………………… 112

大抵选他肌骨好，不傅红粉也风流……………… 112

受恩深处宜先退，得意浓时便可休……………… 113

莫待是非来入耳，从前恩爱反成仇……………… 113

留得五湖明月在，不愁无处下金钩……………… 115

休别有鱼处，莫恋浅滩头………………………… 116

去时终须去，再三留不住………………………… 117

忍一句，息一怒；饶一着，退一步……………… 118

三十不豪，四十不富，五十将近寻死路………… 118

一寸光阴一寸金，寸金难买寸光阴……………… 120

父母恩深终有别，夫妻义重也分离……………… 122

人生似鸟同林宿，大限来时各自飞……………… 122

人善被人欺，马善被人骑………………………… 123

人无横财不富，马无夜草不肥…………………… 124

人恶人怕天不怕，人善人欺天不欺……………………… 125

善恶到头终有报，只争来早与来迟……………………… 125

黄河尚有澄清日，岂可人无得运时……………………… 126

得宠思辱，居安思危………………………………………… 127

念念有如临敌日，心心常似过桥时……………………… 128

英雄行险道，富贵似花枝………………………………… 129

人情莫道春光好，只怕秋来有冷时……………………… 130

送君千里，终须一别……………………………………… 131

但将冷眼观螃蟹，看你横行到几时……………………… 132

见事莫说，问事不知。闲事休管，无事早归…………… 133

假缎染就真红色，也被旁人说是非……………………… 134

善事可做，恶事莫为……………………………………… 135

许人一物，千金不移……………………………………… 136

龙生龙子，虎生虎儿……………………………………… 137

龙游浅水遭虾戏，虎落平阳被犬欺……………………… 138

一举首登龙虎榜，十年身到凤凰池……………………… 140

十载寒窗无人问，一举成名天下知……………………… 140

酒债寻常行处有，人生七十古来稀……………………… 141

养儿防老，积谷防饥……………………………………… 141

当家才知盐米贵，养子方知父母恩……………………… 142

常将有日思无日，莫把无时当有时……………………… 143

时来风送滕王阁，运去雷轰荐福碑……………………… 144

入门休问荣枯事，观看容颜便得知……………………… 145

官清书吏瘦，神灵庙祝肥………………………………… 145

饶人算之本，输人算之机………………………………… 146

好言难得，恶语易施……………………………………… 147

一言既出，驷马难追……………………………………… 148

道吾好者是吾贼，道吾恶者是吾师……………………… 149

路逢险处须当避，不是才人莫献诗……………………… 151

三人行，必有我师焉……………………………………… 152

择其善者而从之，其不善者而改之……………………… 152

欲昌和顺须为善，要振家声在读书……………………… 153

少壮不努力，老大徒伤悲………………………………… 154

人有善愿，天必佑之……………………………………… 155

莫饮卯时酒，昏昏醉到酉………………………………… 156

莫骂酉时妻，一夜受孤凄………………………………… 157

种麻得麻，种豆得豆……………………………………… 158

天网恢恢，疏而不漏…………………………………… 158

见官莫向前，做客莫在后……………………………… 159

宁添一斗，莫添一口…………………………………… 159

螳螂捕蝉，岂知黄雀在后……………………………… 160

不求金玉重重贵，但愿儿孙个个贤…………………… 160

一日夫妻，百世姻缘…………………………………… 162

百世修来同船渡，千世修来共枕眠…………………… 162

杀人一万，自损三千…………………………………… 164

伤人一语，利如刀割…………………………………… 164

枯木逢春犹再发，人无两度再少年…………………… 165

未晚先投宿，鸡鸣早看天……………………………… 165

将相顶头堪走马，公侯肚里好撑船…………………… 166

富人思来年，贫人思眼前……………………………… 167

世上若要人情好，赊去物件莫取钱…………………… 167

击石原有火，不击乃无烟……………………………… 168

人学始知道，不学亦枉然……………………………… 168

莫笑他人老，终须还到老……………………………… 169

和得邻里好，犹如拾片宝……………………………… 169

但能依本分，终须无烦恼……………………………… 169

大家做事寻常，小家做事慌张………………………… 170

大家礼义教子弟，小家凶恶训儿郎…………………… 170

君子爱财，取之有道…………………………………… 171

贞妇爱色，纳之以礼…………………………………… 171

善有善报，恶有恶报。不是不报，日子未到………… 172

万恶淫为首，百行孝当先……………………………… 172

人而无信，不知其可也………………………………… 174

一人道虚，千人传实…………………………………… 177

年年防饥，夜夜防盗…………………………………… 178

好学者如禾如稻，不好学者如蒿如草………………… 178

凡事要好，须问三老…………………………………… 180

若争小可，便失大道…………………………………… 180

遇饮酒时须饮酒，得高歌处且高歌…………………… 181

因风吹火，用力不多…………………………………… 182

不因渔父引，怎得见波涛……………………………… 183

无求到处人情好，不饮任他酒价高…………………… 184

知事少时烦恼少，识人多处是非多…………………… 185

世间好语书说尽，天下名山僧占多…………………… 186

入山不怕伤人虎，只怕人情两面刀……………………… 186

强中更有强中手，恶人终受恶人磨……………………… 187

会使不在家豪富，风流不在着衣多……………………… 189

光阴似箭，日月如梭……………………………………… 190

天时不如地利，地利不如人和………………………… 190

黄金未为贵，安乐值钱多………………………………… 191

万般皆下品，唯有读书高………………………………… 191

为善最乐，为恶难逃……………………………………… 192

羊有跪乳之恩，鸦有反哺之义………………………… 192

孝顺还生孝顺子，忤逆还生忤逆儿…………………… 193

不信但看檐前水，点点滴滴旧窝池…………………… 193

隐恶扬善，执其两端……………………………………… 194

妻贤夫祸少，子孝父心宽………………………………… 195

人生知足何时足，人老为闲且是闲…………………… 197

但有绿杨堪系马，处处有路通长安…………………… 197

见者易，学者难。莫将容易得，便作等闲看……… 198

用心计较般般错，退步思量事事宽…………………… 199

道路各别，养家一般……………………………………… 199

由俭入奢易，由奢入俭难………………………………… 200

信了肚，卖了屋……………………………………………… 202

他人观花，不涉你目。他人碌碌，不涉你足……… 202

知音说与知音听，不是知音莫与弹…………………… 204

点石化为金，人心犹未足………………………………… 204

书到用时方恨少，事非经过不知难…………………… 206

但行好事，莫问前程……………………………………… 207

河狭水急，人急计生……………………………………… 208

明知山有虎，莫向虎山行………………………………… 208

路不行不到，事不为不成………………………………… 210

人不劝不善，钟不打不鸣………………………………… 210

无钱方断酒，临老始看经………………………………… 211

点塔七层，不如暗处一灯………………………………… 211

堂上二老是活佛，何用灵山朝世尊…………………… 212

万事劝人休瞒昧，举头三尺有神明…………………… 212

但存方寸地，留与子孙耕………………………………… 214

灭却心头火，别起佛前灯………………………………… 215

惺惺常不足，懵懵作公卿………………………………… 216

众星朗朗，不如孤月独明………………………………… 218

兄弟相害，不如友生 …………………………………… 219

合理可作，小利莫争 …………………………………… 219

牡丹花好空入目，枣花虽小结实成 ………………… 220

欺老莫欺少，欺少心不明 …………………………… 222

随分耕锄收地利，他时饱暖谢苍天 ………………… 223

得忍且忍，得耐且耐；不忍不耐，小事成大 ……… 224

相论逞英豪，家计渐渐消 …………………………… 224

贤妇令夫贵，恶妇令夫败 …………………………… 226

人老心不老，人穷志不穷 …………………………… 227

一人有庆，兆民咸赖 ………………………………… 228

人无千日好，花无百日红 …………………………… 230

杀人可恕，情理难容 ………………………………… 232

乍富不知新受用，乍贫难改旧家风 ………………… 233

屋漏更遭连夜雨，行船又遇打头风 ………………… 234

笋因落箨方成竹，鱼为奔波始化龙 ………………… 235

记得少年骑竹马，看看又是白头翁 ………………… 236

天上众星皆拱北，世间无水不朝东 ………………… 237

礼义生于富足，盗贼出于贫穷 ……………………… 238

君子安贫，达人知命 ………………………………… 239

良药苦口利于病，忠言逆耳利于行 ………………… 240

顺天者存，逆天者亡 ………………………………… 243

人为财死，鸟为食亡 ………………………………… 244

夫妻相好合，琴瑟与笙簧 …………………………… 245

有儿穷不久，无子富不长 …………………………… 246

善必寿考，恶必早亡 ………………………………… 247

爽口食多偏作病，快心事过恐生殃 ………………… 248

富贵定要依本分，贫穷不必再思量 ………………… 250

画水无风空作浪，绣花虽好不闻香 ………………… 252

贪他一斗米，失却半年粮；争他一脚豚，反失一肘羊… 253

龙归晚洞云犹湿，麝过春山草木香 ………………… 254

平生只会说人短，何不回头把己量 ………………… 255

见善如不及，见恶如探汤 …………………………… 255

人穷志短，马瘦毛长 ………………………………… 256

自家心里急，他人不知忙 …………………………… 256

贫无达士将金赠，病有高人说药方 ………………… 257

触来莫与竞，事过心清凉 …………………………… 258

秋至满山多秀色，春来无处不花香 ………………… 258

凡人不可貌相，海水不可斗量 …………………… 259

清清之水为土所防，济济之士为酒所伤 ………… 260

蒿草之下，或有兰香；茅茨之屋，或有侯王 …… 261

无限朱门生饿莩，几多白屋出公卿 ……………… 262

拂石坐来衫袖冷，踏花归去马蹄香 ……………… 263

千里送毫毛，礼轻情意重 ………………………… 264

架上碗儿轮流转，媳妇自有做婆时 ……………… 265

人生一世，如驹过隙 ……………………………… 265

良田万顷，日食三升；大厦千间，夜眠八尺 …… 266

千经万典，孝义为先 ……………………………… 267

一字入公门，九牛拔不出 ………………………… 268

衙门八字开，有理无钱莫进来 …………………… 269

富从升合起，贫因不算来 ………………………… 270

家无读书子，官从何处来 ………………………… 270

人间私语，天闻若雷；暗室亏心，神目如电 …… 271

一毫之恶，劝人莫作；一毫之善，与人方便 …… 271

欺人是祸，饶人是福 ……………………………… 272

天眼昭昭，报应甚速。圣贤言语，神钦鬼伏 …… 272

人各有心，心各有见 ……………………………… 273

口说不如身逢，耳闻不如目见 …………………… 273

养军千日，用在一时 ……………………………… 274

国清才子贵，家富小儿骄 ………………………… 275

利刀割体伤易合，恶语伤人恨不消 ……………… 276

公道世间惟白发，贵人头上不曾饶 ……………… 277

有钱堪出众，无衣懒出门 ………………………… 278

为官须作相，及第早争先 ………………………… 279

苗从地发，树向枝分 ……………………………… 280

父子合而家不退，兄弟和而家不分 ……………… 281

官有公法，民有私约 ……………………………… 282

闲时不烧香，急时抱佛脚 ………………………… 282

幸生太平无事日，恐逢年老不多时 ……………… 283

国乱思良将，家贫思贤妻 ………………………… 283

池塘积水须防旱，田土深耕足养家 ……………… 284

根深不怕风摇动，树正何愁月影斜 ……………… 284

奉劝君子，各宜守己。只此呈示，万无一失 …… 285

《增广贤文》又名《昔时贤文》《古今贤文》。该书不知辑自何人，起于何时，相传是明代中叶的一个儒生编纂而成。书名最早见于明代万历年间的戏曲《牡丹亭》。该书经过明、清两代文人的不断增补修订，才成为现在的面貌。明、清以来，这部书家喻户晓，影响极大，旧时民间有"读了'增广'会说话"的评价。

　　《增广贤文》的作者从四书五经、古代诗词、史学经典、佛道经典以及广泛流传的谚语、格言中，精选出优美精辟、富有韵律的文句，经过加工、提炼、创造和发挥，编成了这样一部三百余则的格言警句集。《增广贤文》通俗易懂，朗朗上口，其内容涵盖人生的各个方面，见地鞭辟入里，冷静深刻，勘破世情，富于生活智慧。其中的许多语句，早已成为人们耳熟能详的俗语乃至口头禅，只是人们可能不知道它们出自《增广贤文》罢了。

〔原文〕 **昔时贤文，诲汝谆谆。集韵增广，多见多闻。观今宜鉴古，无古不成今。**

〔白话〕 以前圣贤们的言论，谆谆教诲着你（我们）。搜集押韵的文字，扩大涵盖的内容，使你多见多闻。想明了如今的人情世态，先要以过往的历史作为借鉴，正所谓"无古不成今"。

⇑ 观今宜鉴古，无古不成今。

〔解读〕《说文解字》中解释"史"字说："史，记事者也，从又持中。中，正也。"记事，即记录本民族或人类一切活动之事实；中，表示记录的客观公正。"夫学者研理于经，可以正天下之是非；征事于史，可以明古今之成败"，学习历史，不一定能通过历史而准确地预知未来，却能让我们明辨是非，能够在通过对过往成败兴衰、人心向背的观察与检讨中，看清人类发展的大趋势和方向，看到人的宝贵和价值，同时也看到人性的弱点；通过借鉴历史而防患于未然，对于未来有所准备。历代优秀人物、推动了历史前进的人物和留下了可歌可泣事迹的人物，都是可资学习的榜样。

〔相关名言〕1.历史会重演。(修昔底德) 2.不尊重历史的人,注定要重犯历史的错误。(桑塔亚) 3.读史可以明智。(培根) 4.历史是一面镜子,它照亮现实,也照亮未来。(赵鑫珊)

[原文]

知己知彼，将心比心。

[白话] 人要认识自己，也要了解他人；要拿自己的心去比照别人的心，做事能设身处地替别人着想。

⇒ 知己知彼，将心比心。

[解读]《孙子兵法·谋攻篇》中说："知己知彼，百战不殆。"这是从战争的角度说，对对手的情况和自己的情况都有透彻的了解，作战就不会失败。"知己知彼"的道理可以广泛地应用于社会生活的方方面面。我们并不是要把任何人都当对手，但是无论是开展事业、制作产品，还是和人交往、与人协作，具有自知之明，且能知道他人的需求和愿望，是局面向好的方向发展的关键。

一个人得以安身立命的最基本原则，就是将心比心。你不愿意别人怎么对待你，你就不要那样去对待别人；你希望别人如何对待你，你就如何去对待别人。孔子说的"己所不欲，勿施于人""己欲立而立人，己欲达而达人"，就是这个道理。

卡耐基曾总结说，懂得设身处地为他人着想的人，成功机会就变得非常之大。懂得设身处地替别人着想的人，永远不必担心自己的前程。

[原文]
酒逢知己饮，诗向会人吟。
相识满天下，知心能几人。

[白话] 酒要遇到知己才饮，诗要与能会意的人一起吟。认识的人遍布天下，可是知音、知心的人却没有几个。

[解读] 每个人都在寻找知音和知己，但并不是每个人都能遇到，有幸遇到时，那种被理解、被欣赏而带来的欣慰与满足，是金钱买不到的。"士为知己者死，女为悦己者容"，重情义的中国人，把人生中最美丽的、最真实的、最动情的、最珍贵的东西留给知音和知己。

"人生得一知己足矣！"关于知音、知己难求的感慨，在古今中外的格言名句、文学作品中俯拾皆是。正因为难求，所以非常值得珍惜。

酒逢知己饮，诗向会人吟。

[相关名言] 1.万两黄金容易得，知心一个也难求。(《红楼梦》) 2.今古惟称知己少，驱山塞海事无难。(俞大猷《赠陶指挥》) 3.真正的爱情已够难得，真正的友谊更属罕见。(拉罗什富科) 4.一生中有一个朋友已不少，两个朋友已够多，三个朋友很少有。(亨利·亚当斯)

〔原文〕 **相逢好似初相识，到老终无怨恨心。**

〔白话〕 如果人和人之间的相逢能如同初次见面时那样互尊互敬，那么即使相交到老也不会产生怨恨之心。

〔解读〕 人与人刚刚结识的时候，因为相互不熟悉，即便是出于礼貌，往往也能够互尊互敬。等相互熟悉了，对方的缺点变得清晰起来，相互的尊敬因为熟悉而减弱，彼此之间的攀比、妒忌、猜疑等情结，却因为距离的拉近而增强。并且，当我们在心中把对方看作朋友，常会认为朋友间的相互帮助与支持是理所应当的，一旦我们对对方的期待落空，就容易产生怨恨之心。

"人生若只如初见"的感叹，是觉得人与人之间的相处，如果能保持初次见面时的新鲜、热情、宽容与理解该多好！实际上，正如辛弃疾词中所言："怨无小大，生于所爱。"我们往往正是因为重视，因为投入了感情，才有了之后的嫌隙与怨恨，这真是让人始料未及的事情。换作陌生人，我们又能对其有多少怨恨呢？

保持热忱、保持体谅、保持宽容，那么"人生若只如初见"的慨叹应该会少些吧！

⇒ 相逢好似初相识，到老终无怨恨心。

〔相关名言〕 1.人生若只如初见，何事秋风悲画扇。（纳兰性德）2.尽管时光和外貌要使爱凋零，真正的爱永远有初恋的热情。（莎士比亚）

近水知鱼性，近山识鸟音。

【原文】

【白话】 近水而居能知鱼儿的习性，近山而居能识别各种鸟儿的声音。

【解读】 人是环境的产物，环境对于人的影响是巨大的，就好比生活在湖泽之地的人大多水性好、识水产，生活在山里的人大多善登高、懂山货。人对于事物、环境的认知，如果缺乏亲历与实践的基础，那就算不得有真认知。我们做人做事，要有求真求实的精神，道听途说、人云亦云，对自己对他人都不负责任。

【案例】 孟子曾举过一个例子：如果一个楚国人的儿子想要学齐国话，就应该把他领去齐国的闹市住上几年，那么，就是天天鞭打他，要他恢复讲楚国话，也是办不到的。他进一步说，如果住在王宫中的人，无论年长、年幼、地位低、地位高的都是好人，那君王又跟谁去干坏事呢？如果住在王宫中的人，无论年长、年幼、地位低、地位高的都不是好人，那君王又跟谁去做好事呢？

近水知鱼性，近山识鸟音。

【相关名言】 1.近朱者赤，近墨者黑。（傅玄）2.靠山吃山，靠水吃水。（谚语）3.人是什么？还不是风中鹅毛！得随时适应周围环境。（易卜生）

【原文】 # 易涨易退山溪水，易反易覆小人心。

【白话】 容易涨也容易退的是山间的溪水，反复无常的是小人的居心。

【解读】 君子与小人，最初是指贵族与平民，没有道德含义，后来才以有无德行作为区分君子与小人的标准。

《论语》中有不少将君子与小人对比的句子，如：

1. 在行事原则上：君子喻于义，小人喻于利。

2. 在待人上：君子成人之美，不成人之恶；小人反是。

3. 在立身上：君子求诸己，小人求诸人。

4. 在心态上：君子坦荡荡，小人长戚戚。

5. 在操守上：君子固穷，小人穷斯滥矣。

因为小人以利益为原则，所以小人与他人的关系会根据利益而随时变化，翻手为云，覆手为雨；君子与他人的关系基于道义和情感，所以君子是可以信赖的，他们不会做背信弃义的事情。

【案例】 北宋的吕惠卿，因为受到王安石的举荐而平步青云，他也确实为王安石变法出了不少力，然而此人就是小人，当他看到王安石逐渐失势后，便背叛甚至构陷王安石。

⇒ 易涨易退山溪水。

【相关名言】 1.当我们从富翁沦为穷光蛋时，困境会告诉我们谁是知己，谁是势利小人。（德莱顿）2.君子常行胜言，小人常言胜行。（黄宗羲）3.君子与君子以同道为朋，小人与小人以同利为朋。（欧阳修）4.宁肯给君子提鞋，不肯和小人同财。（谚语）

[原文]　　　　　**运去金成铁，时来铁似金。**

[白话]　没有运气时，金子等同铁，时来运转了，铁也能成金。

[解读]　虽然或可将运气视为迷信，但是我们在生活中总能看到运气好的人，比如在事业上遇到贵人和机会、机缘巧合地遇到称心的爱人、幸运地获得意外之财……运气来了，好事挡都挡不住。从因果报应的角度看，好运气源于积德行善。

[案例]　据《史记·殷本纪》载，商王小乙去世后，他的儿子武丁即位。武丁图治，但一直没有合适的大臣辅佐。一天夜里，武丁梦见一位圣人，名叫"说"（yuè）。第二天，他按照梦中见到的圣人模样来观察群臣，没有一个是梦中人的样子，于是派人到民间去四处寻找，在傅险（地名）找到了"说"，是一个服劳役的奴隶，正在做修筑的工作。官吏把说带来让武丁看，武丁说就是这个人，和他交谈，发现说果真是位贤人，于是举用他担任国相，国家得到大治。从《史记》所记述看来，傅说被举用真是有运气。历史上，有才德的人因时运不济而被埋没的，也大有人在。

←武丁举用傅说。

[相关名言] 1.时来天地皆同力，运去英雄不自由。（罗隐）2.福气来了不享，福气走了别怨。（塞万提斯）3.好的运气令人羡慕，而战胜厄运则令人惊叹。（培根）

【原文】

读书须用意，一字值千金。

【白话】 读书须用心，书中的每个字都很珍贵。

【解读】"一字千金"的典故见于《史记·吕不韦列传》。据载，秦国相国吕不韦为了声名和荣光，招贤纳士，门下食客多达三千人，其中有不少文人学士。吕不韦让食客们把各自的所见所闻记下，综合在一起成为"八览""六论""十二纪"，共二十多万言。吕不韦认为其中包括了天地万物、古往今来的事理，名之曰《吕氏春秋》，并将之公布在咸阳的城门上，上面悬挂着一千金的赏金，邀请诸侯各国的游士宾客前来评阅，承诺若有人能增删一字，就给予一千金的奖励。

"一字值千金"的书，要数那些经典中的经典。朱光潜先生说："书是读不尽的，就是读尽也是无用，许多书都没有一读的价值。任何一种学问的书籍现在都可装满一图书馆，其中真正绝对不可不读的基本著作往往不过数十部甚至于数部。"选择那些经典中的经典，用心地反复诵读，自能常读常新，获益匪浅。

⇈ 读书须用意，一字值千金。

【相关名言】1. 学必求其心得，业必贵其专精。（章学诚）2. 我没有什么特别的才能，不过喜欢寻根刨底地追究问题罢了。（爱因斯坦）

〔原文〕 # 逢人且说三分话，未可全抛一片心。

〔白话〕 与人说话只能说三分，不要把内心的想法全部吐露。

〔解读〕 这两句旨在劝诫人们要懂得慎言、说话有所保留，不可将自己的想法、意图、实际情况，不假考量、毫无保留地告诉他人，以免被人当作口实、把柄，借以利用乃至陷害。《说岳全传》中有段议论说："万丈深潭终有底，只有人心不可量。虎豹不堪骑，人心隔肚皮。休将心腹事，说与结交知！自后无情日，反成大是非。"这段话说得再明白不过。说者无意，听者有心。害人之心不可有，防人之心不可无。人生在世，虽然应该以诚信为本，但是也不能缺少生存的智慧。因为不加斟酌地表露自己的内心想法而招灾致祸的例子也太多了！

〔案例〕 北齐永安简平王高浚，看到文宣帝高洋嗜酒如命，私下对亲信说："二哥因为嗜酒败坏了德行，朝廷里的大臣中没有敢犯颜进谏的人，我很为此担忧，想到邺城去当面进谏，不知道他能不能采纳我的意见。"有人把这一番话秘密地报告给文宣帝，文宣帝因此怀恨高浚，又因一些其他事情和芥蒂，最后将高浚残杀。

〔相关名言〕 1.交浅言深，君子所戒。（苏轼）2.乱之所生也，则言语以为阶。君不密则失臣，臣不密则失身，几事不密则害成。是以君子慎密而不出也。（《周易·系辞》）

有意栽花花不发，无心插柳柳成荫。

【原文】

【白话】 有意栽花，花不一定开放；无心插柳，柳树却长得茂盛成荫。

【解读】 "有意栽花花不发，无心插柳柳成荫"道出人事的戏剧性。造物弄人，运命难测，常常出人意料。然而我们须明白，无论是"有意栽花"还是"无心插柳"，到底都付诸实行了。而缺乏实行的空想，是不会有幸运之神去眷顾的。

【案例】 汉高帝刘邦晚年为继承人之事很是烦扰，虽然他已立太子刘盈（刘邦与吕雉所生嫡长子），但刘盈为人仁弱，刘邦认为他不像自己。而年轻貌美、甚得宠爱的戚夫人所生之子刘如意则深得刘邦喜爱，刘邦认为刘如意像自己，故常欲更换太子。吕后用张良的计谋，保住了刘盈的太子之位。刘邦去世后，刘盈继位，就是汉惠帝。曾被刘邦宠爱的姬妾，都受到吕太后忌恨而被幽禁起来。吕太后还命人砍断戚夫人的手脚，挖掉眼睛，熏聋她的耳朵，又给她喝哑药，让她住在厕所里，起名"人彘（zhì）"。汉惠帝看到后说："这不是人做的事情。我作为太后的儿子，终归没有脸面治理天下。"从此每天饮酒作乐，23岁而亡。

倒是不太受刘邦宠爱的薄姬，在刘邦死后得以跟着儿子刘恒（刘邦第四子）去了代地。周勃、陈平等人铲除吕氏势力以后，大臣们认为薄氏仁爱善良，代王贤德仁孝，因此迎立代王为皇帝，就是汉文帝。

⇨ 汉臣迎接代王刘恒。

【相关名言】1.持恒的命运屈服于多变的机运。（弥尔顿）2.行动不一定每次都带来幸运，但坐而不行，一定无任何幸运可言。（狄斯雷利）

【原文】 # 画虎画皮难画骨，知人知面不知心。

【白话】 画虎能画出其皮毛外貌，难以画出骨骼；结识一个人，看得到其外在，却难以知晓其内心。

画虎画皮难画骨，知人知面不知心。

【解读】 人心隔肚皮，我们对人的判断，仅以其外在表现为依据是远远不够的。日久见人心，事上看人心，想要了解一个人，要在更多的方面，通过更长的时间、更多的事情去观察。人心难测，不可不谨慎小心。

【案例】 唐代的安禄山，秉性机灵聪慧，他用厚礼贿赂官员，请他们在朝廷为他多说好话，唐玄宗对安禄山颇有好感。安禄山身体肥胖、大腹便便。据《太平广记》载，玄宗有一次问他："你这肚子里装的是什么东西，这样大？"安禄山回答说："我肚子里没有别的东西，只有对皇上的一颗忠心啊！"因为安禄山善于阿谀逢迎，玄宗日益宠信他，呼他为儿子，让他兼任平卢、范阳（幽州）、河东三镇节度使。然而安禄山包藏祸心，最终起兵反叛，自立为帝，造成长达八年的"安史之乱"，这是一场浩劫，苍生涂炭，唐王朝自此由盛而衰。

【相关名言】1.患生于多欲而人心难测。（蒯彻）2.从一个人的办事能力，一天便可看出学问高低。但是他心中的善恶，绝不可妄加揣测，因为这要经过长久的岁月，才能见出他内心的优劣。（萨迪）

【原文】 **钱财如粪土，仁义值千金。**

【白话】 要有视钱财如粪土的胸襟气度，要明白仁义才是最珍贵的。

甲骨文

甲骨文

《说文解字》:仁,亲也。从人,从二。(仁,亲爱,以人、二会意。)

孔子学说的核心即为"仁"。孔子解释"仁"说："爱人""夫仁者，己欲立而立人，己欲达而达人。"仁，可以理解为有能爱他人的心，能够体谅、理解他人，"己所不欲，勿施于人"。

《说文解字》："义，己之威仪也。从我，从羊。""义"的甲骨文以羊、我会意（我是古代一种兵器，常在礼仪中使用），表示屠宰牛羊祭祀。引申指礼仪、威仪，进而引申指公正合宜、合乎道德的事、言行、人际关系、情谊等，也指合乎道德伦理的原则。《中庸》："义者，宜也。""义"也需要自己有尊严。

◎ 以仁义为本的中国人 ◎

黎东方先生曾讲，中华民族是多元的，不是全为中原诸国的原住民，而是中原诸国先民与周边民族先民混合而成。中国人之所以为中国人，不在于血统如何，而在于文化如何。文化包括语言文字、风俗习惯、道德伦理等。中国人的传统道德伦理是"四维八德"。"四维"是礼、义、廉、耻，八德是忠、孝、仁、义、信、爱、和、平。

中国人以仁义为本，孟子说："仁，人之安宅也；义，人之正路也。"在春秋时期，即便是战争也讲仁义。中国最古老的军事著作之一《司马法》就以"仁本"开篇。以仁义为本，做人做事就有正义性，就会有力量。孟子总结为"仁者无敌"。

【解读】 视钱财如粪土，不是要人大手大脚花钱、奢侈浪费，而是要告诉人们，对于一些人生中更珍贵的东西（如道义、良知、信用、正直、时光等），不是金钱能衡量的，也不是金钱所能买到的。一个人不能因钱财而丧失人性，丢弃我们生而为人的基本道德原则。此外，人应该有大的胸怀与格局，不可因为吝啬钱财而缺乏勇气，错失人才、机遇等重要的人生发展支点。

仁义为本，是中华文化的重要价值理念之一，也符合整个人类文明发展的大趋势。中国人的"仁"是以爱与体谅为基础的，由对亲人的爱扩展为对社会、对人类乃至对大自然的爱与体谅。中国人的"义"，不但体现着对正义、道德、忠诚的坚守，还维护着个人的尊严，一个没有自尊自爱的人，是谈不上"义"的。

【案例】 （1）《世说新语》中载，管宁和华歆同在园中锄草，看见地上有一片金子，管宁依旧挥动着锄头，跟看到瓦片石头一样，华歆拾起金片，看到管宁的神色后又扔了它。管、华二人曾经坐在同一张席子上读书，有官员车驾从门前经过，管宁还像原来一样读书，华歆却放下书出去观看。管宁就割断席子和华歆分开坐，说："你不是我的朋友了。"

（2）《说苑》中载，齐景公曾探取等待哺食的小鸟，幼鸟体弱，景

⇑ 管宁与华歆。

⇒关羽尽封其所赐，拜书告辞，赶往袁绍军营投奔刘备。

公又将它放回鸟巢。晏子听说后，马上进宫拜见景公祝贺说："我们的君主有圣王之道了。"

景公说："我探取等待哺食的小鸟，幼鸟体弱，所以又将它放回鸟巢，这怎么能算是圣王之道呢？"

晏子回答说："君主探取等待哺食的小鸟，幼鸟体弱，将它放回鸟巢，这表现出我们的君主仁爱，恩惠施加于禽兽，何况对人呢！这就是圣王之道。"

（3）《史记·淮阴侯列传》中，韩信为刘邦分析项羽的缺点时，曾指出项羽对功臣吝啬。《资治通鉴》中记载对曹操的评价，有"勋劳宜赏，不吝千金"之语。

（4）《三国志·蜀书·关羽传》载，关羽斩杀颜良后，曹操知道关羽要离开自己，对其赏赐更为厚重。关羽尽封其所赐，拜书告辞，赶往袁绍军营投奔刘备。关羽的忠义之举得到后世极大颂扬，称他"忠义千秋"。

【相关名言】1.无欲速，无见小利。欲速则不达，见小利则大事不成。（孔子）2.仁者不以盛衰改节，义者不以存亡易心。（《三国志·魏书·何晏传》）3.啊，钱，钱！为了钱，这人世间不知发生了几多悲剧。（托尔斯泰）4.我活在人间只有一次，所以只要能为任何人做好事或能表示仁爱之心，我会即刻去做。（格雷利希）

〔原文〕 **流水下滩非有意，白云出岫** (xiù) **本无心。**

〔白话〕 水流下到滩头并非有意而为，白云从山间飘出也是出于自然罢了。

⇑ 流水下滩非有意，白云出岫本无心。

〔解读〕 这两句常用以形容非人力故意而为之，乃是自然而然的情况。世界上的现象，诸如花木逢春而发、流水流向低洼、日升月落交替、寒暑随季节变换，都受自然规律的安排，并不以人的意志为转移。虽然现代人改造自然的能力非常强大，但是放在浩瀚的宇宙时空之中又渺小得不值一提，所以顺应自然的规律，是人类应该经常挂在心上的事。造物者将人类构造为此，即便是出于身体健康考虑，我们也不应频频违背规律。

　　人事也是如此。应该看到，大多数人都希望安居乐业，希望过幸福、平安、有爱的生活。所谓"顺天者昌，逆天者亡"，一方面指要顺应自然规律，一方面指要顺应天道人心。

　　古代隐者高士，也常常用流水无意、白云无心来比喻自己高洁脱俗的情怀。

【原文】

路遥知马力，事久见人心。

【白话】 路途遥远便知道马的力气大小，经历的事情多了就能看出人真正心地如何。

【解读】 我们很难在短时间内准确判断出一个人的品性、心地如何，需要长时间地在事上观察。即便贤圣如孔子也有对人判断失误的感叹，他曾说："吾以言取人，失之宰予；以貌取人，失之子羽。"

【案例】 篡夺了汉帝之位的王莽，他的姑姑是当朝王太后，他借此进入仕途。他为人谦恭，行为检点，勤奋好学。他服侍母亲及寡嫂，抚育兄长遗子，侍奉诸位叔伯，都十分尽心周到；他礼贤下士，关心鳏寡孤独，赈济灾民，宣扬礼乐教化；他与家人的生活接近清贫，其妻甚至因为穿着朴素而被来宾认为是仆佣；他声名远播，成为世人眼中的道德楷模、治国平天下的贤良圣人。群臣奏请赐王莽"安汉公"之号，四十八万余民众、官吏、诸侯王、公卿、列侯和皇族请求为他加赏。

就是这样一个王莽，随着声望和地位的不断高升，逐渐显露出本来面目。他野心勃勃，用残酷手段排挤、打击异己；他指使百官带领民众为他歌功颂德、邀功请赏；他毒死汉平帝，逼迫年仅 4 岁的汉太子孺子婴禅位于他。建立新朝后，他为了实现自己不切实际的想法和欲望，满足好大喜功的虚荣，盲目改制，逼反了臣服于汉朝五十余年的匈奴，弄得社会崩溃、天怒人怨，最终落得身死朝灭的下场。

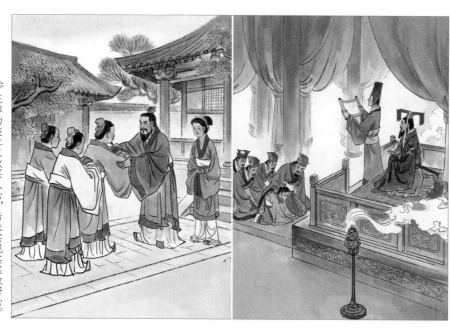

⇒ 王莽伪装仁义收买人心，后来实现其篡位野心。

【原文】

两人一般心，无钱堪买金。
一人一般心，有钱难买针。

【白话】 两个人同心同德，即便没有钱也终将能买黄金。两个人各怀私心，即便有钱也难办好买针一样的小事。

两心一般心，无钱堪买金。

【解读】《周易·系辞》中言："二人同心，其利断金；同心之言，其臭如兰。"一个人的能力是有限的，如果能遇到志同道合的人，同心协力，不但在力量上得以加强，更在心灵上相互鼓舞慰藉，真是一种幸运。如果事业的伙伴、家庭的成员各怀私心，相互算计，那么共同的前途会充满龃龉，小事难成。

【案例】"高平之战"是中国历史上的一次著名战役，是后周与北汉、契丹联军之间进行的一次关键性战役。北汉、契丹联军人数上占绝对优势，且交战之初，击溃了北周的右军，但北汉君主刘崇轻敌，而且未能与契丹军同心同德。反观后周军，其君主柴荣冒着矢石亲自督战，时为后周将领的赵匡胤（后来的宋太祖）大喊："主上如此危险，我等怎么能不拼命！"上下齐心协力，最终以少胜多。

【相关名言】1.单个的人是软弱无力的，就像漂流的鲁滨孙一样，只有同别人在一起，他才能完成许多事业。（叔本华）2.理解是培育一切友情之果的土壤。（威尔逊）

【原文】

相见易得好，久住难为人。

【白话】 刚刚认识的时候容易相处融洽，长久相处就难以和谐如初。

【解读】 人与人之间刚结识的时候，因为新鲜感、相互不了解，以及客气、礼貌、矫饰等原因，相处并不难（初次相遇就难以接触的人也有）。长期相处中，新鲜感退去，彼此的吸引力下降，各自不再矫饰伪装，不再客套，真实情况、真实性情、缺点短处都显露出来，就容易产生厌倦、摩擦、矛盾，这是人之常情。重要的是，我们应当对他人抱着良善的态度，给予宽容和体谅，将心比心；对亲近的人，更要有责任感，有真切的关心。如此，人与人之间相处得越久，感情就会越深厚，即便有摩擦和矛盾也会自行弥合。然而如果真的碰到了待之以真心却被辜负的情况，也不必过分怨恨，那样会伤害自己。要相信善良之人天必佑之。

【案例】 西汉时的富家女卓文君，因在一场宴会上听到才子司马相如弹琴而心生爱慕之情，与之私奔。司马相如当时很清贫，为了维持生计，开了一家酒舍。卓文君不顾身份，站在炉前卖酒。生活虽然困苦，但二人很相爱。后来司马相如受到汉武帝赏识而得官，想娶其他女子为妾而冷落了文君，文君作《白头吟》一诗，其中有"愿得一心人，白头不相离"之句，表达了自己的哀怨和对爱情的坚贞。相如因此打消了娶妾的念头。

⇨ 卓文君当炉卖酒。

〔原文〕 **马行无力皆因瘦，人不风流只为贫。**
红粉佳人休使老，风流浪子莫教贫。

〔白话〕 马行无力常是因为瘦弱，人的生活缺少风采只是因为贫穷。红粉佳人最怕年华老去，风流不羁的子弟一旦没有了财力的支撑便不再风流。

〔解读〕 有种说法是，女人的自信来自青春，男人的自信来自财富。这种说法虽然露骨，但青春对于女人来说，财富对于男人来说，确实是非常重要的。我们也常能看到富家子弟嘲笑贫寒之士窘迫支绌、不懂风流潇洒，然而大多数人如此评论：风流潇洒谁不会？要是家财万贯，兴许比你更风流！

人不该把财富当成人生的唯一目标，掉进钱眼儿里，唯利是图。但是人也该意识到生活的现实，为了把生活过得更好，用智慧与双手努力创造财富。司马迁在《史记·货殖列传》中说："天下熙熙，皆为利来；天下攘攘，皆为利往。夫千乘之王，万家之侯，百室之君，尚犹患贫，而况匹夫编户之民乎！"

⇑ 红粉佳人休使老。

【相关名言】1.爱情需要有财富来维持。（罗伯特·赫里克）2.黄金这玩意儿，能把丑女变成美人。（布瓦洛）3.缺乏钱财是所有罪恶的根源。（马克·吐温）

饶人不是痴汉，痴汉不会饶人。

【原文】

【白话】 能宽恕他人就不算愚笨偏执的人，愚笨偏执的人不懂宽恕他人。

【解读】 宽恕，是人类最可贵的美德之一，是我们判断一个人是否善良的依据之一。退一步海阔天空，得饶人处且饶人；以责人之心责己，以恕己之心恕人。仇视和记恨带给人的是不快、负担和祸患，而宽恕带给人的是良心的认同、轻松和福报。你宽恕了他人，你也便得到了宽恕。哲学家斯宾诺莎曾说："人心不是靠武力征服，而是靠爱与宽容。"

【案例】 据宋人彭乘《墨客挥犀》记载，名臣韩琦在担任北都知州时，一个亲戚送给他一只玉盏，这玉盏完美无瑕，堪称绝世珍宝。韩琦非常喜爱这只玉盏，专门设宴请一些高官前来观赏。不料一个小吏碰倒了放玉盏的桌子，玉盏被摔碎。在座来宾无不惊愕，那个小吏也伏地待罪。韩琦的神色却很平静，笑着对在座宾客说："东西总会有坏掉的时候。"他对那个小吏说："你是不小心，不是故意的，有什么罪呢？"韩琦对人如此宽容能恕，所以传为美谈。

⇒ 韩琦宽恕小吏。

【相关名言】 1.没有宽宏大量的心肠，便算不上真正的英雄。（普希金）2.宽恕可以交友，当你能以豁达光明的心地去宽恕别人的错误时，你的朋友自然就多了。（罗曼·罗兰）3.以温柔、宽厚之心待人，让彼此都能开朗愉快地生活，或许才是最重要的事吧。（松下幸之助）

〔原文〕 **为人莫做亏心事，半夜敲门心不惊。**

〔白话〕 平时没有做过违背良心的事，半夜有人敲门也不担惊受怕。

〔解读〕 人生在世，各有所求，求名的，求财的，求爱的……然而无论求什么，都要以无愧于心为前提。如果是不义之财，即便取得了，也必然日夜提心吊胆，毫无充实感与幸福感可言。当你寻遍天涯海角，到最后也许会发现，你一直在寻求的，可能是内心的安宁。内心的安宁，来自问心无愧。"仰不愧于天，俯不怍（zuò）于人"，这是孟子总结的"君子三乐"之一。良知是每个人内心的审判者，你可以欺骗全世界，但骗不了自己的良心。

〔案例〕《左传》中记载，春秋时期，晋灵公穷奢极欲，残暴无道，正卿赵盾屡次进谏，晋灵公很反感，就派遣钽（chú）麑（ní）去刺杀赵盾。在一个天色未明的早晨，赵盾的卧室门已经打开了，他穿得整整齐齐，准备入朝。因为时间还早，他正坐着假寐。钽麑看到后叹气说："不忘记恭敬，真是百姓的主人。刺杀百姓的主人，就是不忠；放弃国君的使命，就是不信。不忠不信，无论违背哪一件都不如死了好。"钽麑便放弃了行刺，撞槐树而死。

⇐ 赵盾正直有德，刺客不忍行刺。

【相关名言】1.心安理得，海阔天空。（梁启超）2.良心平静，在雷声中也睡得着。（托马斯·富勒）3.良心是一种根据道德准则来判断自己的本能。（康德）

【原文】

是亲不是亲，非亲却是亲。
美不美，乡中水；亲不亲，故乡人。

【白话】 有亲戚关系的人不一定如亲人一般，没有亲戚关系的人有时也如亲人一般。无论味道是否甜美，故乡的水都是好喝的；无论关系是否亲密，故乡人都让人感到亲切。

【解读】 亲人是有血缘关系的，血浓于水。然而在现实生活中，不但有"远亲不如近邻"的情况，还有兄弟反目、亲人失和的情况。除了生身父母，谁能对我们无限地包容？因为种种原因，有些亲人疏远了；因为缘分，因为脾气相投、志同道合，有些陌生人则成了亲密的朋友。

一个人从小的生长环境，会对其产生深刻的影响。以后，无论走到哪里，他（她）都会带着家乡的影子——乡音、习俗、生活习惯，乃至脾气秉性。伴随着成长而形成的乡情，让与家乡有关的一切，都自然地染成亲切温柔的颜色。

⇑ 美不美，乡中水；亲不亲，故乡人。

【相关名言】 1.狐死归首丘，故乡安可忘。（曹操）2.家是世界上唯一隐藏人类缺点与失败的地方，它同时蕴藏着甜蜜的爱。（萧伯纳）3.人间再没有什么别的苦难，比失去了自己的家乡还要苦。（欧里庇得斯）4.树高千丈，叶落归根。（佚名）

〔原文〕 **莺花犹怕春光老，岂可教人枉度春？**
相逢不饮空归去，洞口桃花也笑人。

〔白话〕 连莺儿和鲜花都害怕春天逝去，人怎么可以虚度青春年华？朋友相逢，如果不曾把酒倾谈便分手归去，连洞口的桃花也会笑他们不懂得人情。

〔解读〕 春光、人的青春年华都是美好而易逝的，在中国古代诗文中，表达惜时、惜春的篇章很多。既然春光和人的青春年华都不能留住，便应该及时且尽情地感受和欣赏春光之美，趁着青春年华，努力开创和进取，才算不负春光，不负青春。

"相逢不饮空归去，洞口桃花也笑人"是劝酒词，表达了对相聚的珍视，富有浓浓的人情味儿。

〔相关名言〕1.花开堪折直须折，莫待无花空折枝。（杜秋娘《金缕衣》）2.黑发不知勤学早，白首方悔读书迟。（颜真卿《劝学》）3.花有重开日，人无再少年。（陈著）

⇧ 莺花犹怕春光老，岂可教人枉度春？

〔原文〕 **在家不会迎宾客，出门方知少主人。**
客来主不顾，应恐是痴人。

〔白话〕 在家的时候不晓得招待客人，出门在外才发现少有人招待自己。客人来了，主人却不招待，这样的人是不通人情的人。

〔解读〕 人情总是相互的，你对别人如何，别人通常也会报之以类似的态度，所以有"你对世界微笑，世界也会对你微笑"的说法。对别人态度冷淡，自然少有笑脸相迎的回报。但是现实生活中也不乏你对他报以友善，但对方由于教养和情感的缺乏，无动于衷或并不领情的，孟子称之为"妄人"，这种人不值得理睬。

"在家不会迎宾客，出门方知少主人"是个换位思考的问题，可以推广到生活的方方面面。你想让别人怎样对待你，你就要怎样对待他人。

如果这样的人之常情都不晓得，客人来拜访，主人不接待，如此主人，就是俗语里说的"不通气的烟囱"，是"痴人"。他的人际关系是可想而知的。

⇒ 客来主不顾，应恐是痴人。

〔相关名言〕 1.己所不欲，勿施于人。（孔子）2.我们应该用我们希望朋友对待我们的方式去对待朋友。（亚里士多德）3.欲人施于己者，己必施诸人。（《圣经》）

【原文】 **黄芩(qín)无假，阿魏无真。**

【白话】 黄芩假货少，阿魏却没有真货。

【解读】 黄芩和阿魏都是中药材的名字。黄芩司空见惯、价格低廉，少有人造假；阿魏产于西域，珍贵稀有，再加上很多人没有见过，所以市面上的阿魏通常没有真货。“黄芩无假，阿魏无真”深刻地揭示了市场买卖双方的心态和潜藏的规律——因为价廉易得，所以即便有功用也不被重视；因为珍贵稀有，就算功效有待验证也受到追捧。很多心术不正、投机取巧的人，正是利用人们的这种“稀有之物定有神奇之处”的主观臆想的心理大发其财。要想具备一双明辨是非、洞察世态的眼睛，需要拓宽视野，积累经验，保持理智的头脑。

【案例】 汉武帝迷信方术鬼神，希望能求仙通神，获得福佑与长寿。据《史记》记载，汉武帝先后宠信李少君、少翁、栾大、公孙卿等方士，这些人都说自己有异能，能与神灵沟通，能驱使鬼物，武帝都信其所说，让他们去请神仙。栾大见皇上不过几个月，就受到厚重的封赏，佩带了六枚印，尊贵震动天下，使得燕、齐沿海的方士都兴奋起来，说自己有秘方，能够招来神仙。方士们信口描述的神鬼之事，常常无法验证。比如李少君说：“我曾游历海上，见到仙人安期生，他拿枣子给我吃，像瓜那样大。安期生是仙人，能来往蓬莱山中，他只见跟他的道术相合的人，不合的人就隐匿不见。”对这种言之凿凿的凭空描述，武帝却十分相信。

⇐ 汉武帝迷信方术鬼神，相信李少君的凭空描述。

〔原文〕 **当时若不登高望，谁知东流海洋深。**

〔白话〕 若不是当年登高远眺，谁知道河水东流到深广的大海。

〔解读〕 站得越高，看得越远，人所处的位置的高低，决定着他的视野和格局，所以我们应该尽量去接触那些杰出的、眼界开阔的、见识超群的、经验丰富的群体、圈子和个人。

⇒ 当时若不登高望，谁知东流海洋深。

〔案例〕 东汉著名学者、经学大师郑玄，早年时家中比较贫寒，做乡下掌管诉讼和收赋税的小吏时，每逢休假回家，总要到学校读书。后来郑玄不愿意做小吏，就到京城太学里学习，拜京兆人第五元先为师，精通了《京氏易》《三统历》《九章算术》等。他又跟从东郡张恭祖学习《礼记》《左氏春秋》《韩诗》《古文尚书》等。他认为关东（函谷关以东）学者已经无人再可请教了，于是西行入关，拜扶风马融为师，学成后回到山东故乡。马融感慨地说："郑生离我而去，我的学说将会向东传播了。"郑玄回到故乡，有成百上千的学生从四面八方来向他求学。郑玄晚年时曾说，他这一生最得意的事情，便是见到了那些博古通今的大师，并得到他们的传授。

【相关名言】1.欲穷千里目，更上一层楼。（王之涣《登鹳雀楼》）2.如果说我比别人看得更远些，那是因为我站在了巨人的肩上。（牛顿）

〔原文〕 贫居闹市无人问，富在深山有远亲。
有钱道真语，无钱语不真。
不信但看筵中酒，杯杯先敬有钱人。

〔白话〕 贫穷了，即便住在闹市也无人理睬；富贵了，即便住在深山也会有远房亲戚拜访。有钱人说的话好似真理，没钱人说的话没人当真。如果不信，就看看筵席上的酒，一杯一杯都是先敬给有钱人。

⇐ 贫居闹市无人问，富在深山有远亲。

〔解读〕 此三则贤文都谈及财富的重要，颇有世态炎凉的感慨。司马迁在《史记·货殖列传》中指出当时之人趋慕财富的风气时说："凡编户之民，富相什则卑下之，佰则畏惮之，千则役，万则仆，物之理也。"（普通百姓，对于财富十倍于己的人就会低声下气，百倍于己的就会惧怕人家，千倍于己的就会被役使，万倍于己的就会为人奴仆，这是事物的常理。）从某种角度看，趋暖避寒、嫌贫爱富是根植于人性的趋向。

对于人的评判，世人习惯以成就和财富为标准，所以《左传》中把立德视为根本，将立功放在立言之前，说："太上有立德，其次有立功，其次有立言。"一个没有成绩、没有财富、没有地位的人，人微言轻，无论他说什么，人们都不在意。然而有成绩、有财富、有地位的人，随便说点什么，都会引起他人重视。这是很自然的人情世态。

〔原文〕　谁人背后无人说，哪个人前不说人。
闹里有钱，静处安身。

〔白话〕　有哪个人背后不被别人议论？有哪个人不议论他人？在繁华闹市中发财，在清静处安居修身。

⇒ 闹里有钱，静处安身。

〔解读〕　世俗之人，或在人前，或在背后，大多会对他人有所议论品评，然而少议论甚至不议论他人，确实是能够避免祸患的好习惯。

　　对于他人的议论、评价，出于"兼听则明"的考虑，可以虚心地听一听。自以为是，闭目塞听，拒绝接受任何议论和建议，也就丧失了及早发现不足与失误，及早进行修正与改进的机会。人要想进步、有所成，就应该有海纳百川的心胸。

　　但也不能过于在意别人的议论与评价，如果他人的议论与评价扰乱了自己的决心和目标，给自己增加了许多不必要的心理负担，使自己顾虑重重，处处掣肘，无益于事业与人生的开展和进步，这时候应想到"谁人背后无人说，哪个人前不说人"是司空见惯的平常世态，少受其负面影响，坚持自己应该坚持的，清醒理智地对待之。

　　要挣钱就去交通便利、资源集中的地方；要安居修身，就找个清静之处吧。

【原文】

来如风雨，去似微尘。
长江后浪推前浪，世上新人赶旧人。

【白话】 来的时候如同风雨一样声势浩大，去的时候像微尘一样无声无息。长江后浪催前浪，世上的年轻人赶超着年长的人。

⇑ 长江后浪推前浪，世上新人赶旧人。

【解读】 一种对"来如风雨，去似微尘"的解释是，人活一世，应该做出些如疾风暴雨般轰轰烈烈的声名事业，但也要懂得见好就收、急流勇退，如微尘般低调，方能得平安善终。一种说法是，无论多显赫的声名、多大的功业，最后也只是归于尘土。

孔子曾说："后生可畏，焉知来者之不如今也？"（年轻人是值得敬畏的，怎么知道他们将来比不上现在的人呢？）孔子所说正可作为"长江"两句的注脚。人类文明的发展，就是在"青出于蓝而胜于蓝"的态势中进行的。

【相关名言】 1.青，取之于蓝，而青于蓝；冰，水为之，而寒于水。（荀子） 2.桑榆之光，理无远照；但愿朝阳之晖，与时并明耳。（惠远和尚） 3.人事有代谢，往来成古今。（孟浩然）

【原文】 **近水楼台先得月，向阳花木早逢春。**
古人不见今时月，今月曾经照古人。

【白话】 近水的楼台能先得月光之好，向阳的花木更早地体现出春天的到来。古人自然无法看到今天的月亮，今天的月亮却曾照过古代的人。

⇒ 近水楼台先得月，向阳花木早逢春。

【解读】 一个人要想在某一方面有所成就，除了自身的决心和努力，外部环境和条件也非常重要。在日常生活中，人们竭力挤入核心圈子，热切地希望能接触掌握关键资源的人。为子女择名校，前往发达地区发展，都是为了得环境之利，占潮流、趋势之先。一个素质平庸的人，如果得到良好的资源和便利条件所助，他成功的概率和速度，要大于一个天资卓越却挣扎在资源贫乏、条件恶劣的环境中的人。

　　"人事有代谢，往来成古今。"人的一生，乃至人类社会的历史，相比于大自然的进程，是何其短暂和微不足道。懂得自身的微不足道，心情便容易安定踏实，通过小与大、短暂与永恒的对比，常常可以得到宽阔豁达的心境。

【相关名言】1.近河之地湿，而近山之土燥。（陆贾《新语》）2.寄蜉蝣于天地，渺沧海之一粟。哀吾生之须臾，羡长江之无穷。（苏轼）

〔原文〕 先到为君，后到为臣。莫道君行早，更有早行人。

〔白话〕 先到一步为君王，后到一步为臣子。不要认为你出发得很早，还有比你更早出发的人。

← 莫道君行早，更有早行人。

〔解读〕 谁占得先机，谁就胜券在握。有时候，早到一步，不但占据主动，更能成为主宰。在抢占先机和竞争的过程中，要保持机警、重视的态度，避免因为放松懈怠、自以为万事大吉而误了大事。

我们常常认为自己已经很勤奋了，但是应该意识到，世界之大，总是会有比自己更勤奋的人。当然，人既不该懒惰荒废，也不该因为勤奋而不顾惜身体。

〔案例〕 春秋时期，齐襄公荒淫无道。他的弟弟们害怕祸患牵连而纷纷出逃，公子纠逃亡到鲁国，管仲、召忽辅佐他；公子小白逃亡到莒国，鲍叔牙辅佐他。后来，齐襄公的堂兄公孙无知联合大夫连称、管至父弑杀襄公，自立为君。次年，大夫雍廪又袭杀公孙无知，并商议立新君之事。齐国贵族国氏、高氏暗中召公子小白回国，鲁国也派兵护送公子纠返齐，并让管仲带军队阻挡公子小白。管仲射中公子小白衣带钩，小白假装死了。管仲派人飞报鲁国，鲁国护送公子纠的部队速度就放慢了，六天才至齐国。而小白已先入齐国，被立为国君，就是齐桓公。

〔原文〕 **一年之计在于春，一日之计在于晨。**
一家之计在于和，一生之计在于勤。

〔白话〕 要想把一年规划好、过好，重点在于作为起始的春天；要想把一天规划好、过好，重点在于作为起始的清晨。要想把一家的日子规划好、过好，重点在于和睦相处；要想把人的一生规划好、过好，重点在于要勤劳。

⇑ 一年之计在于春，一日之计在于晨。一家之计在于和，一生之计在于勤。

〔解读〕 为什么起始的时候很重要？因为起始的精神状态、规划和设计决定着后续的发展。如果起始的时候便精神不振，缺少规划和设计，后面大概率会流于懈怠和荒废。想一想，如果一天的早晨，你不是黎明即起、抖擞精神、迎着朝阳晨风、怀着热情开始一天的工作与学习，而是睡了懒觉，日近中天才疲疲沓沓、慵慵懒懒地起床，那么一整天的怠惰几乎是必然的。

　　勤劳是一切学业与事业的根基，一懒万事休。和睦则是一个家庭的根基，家和万事兴。

〔相关名言〕 1.民生在勤，勤则不匮。(《左传》) 2.盛年不重来，一日难再晨。及时当勉励，岁月不待人。(陶潜) 3.著述须待老，积勤宜少时。(欧阳修) 4.居家以不晏起为本。(曾国藩)

〔原文〕

自恨枝无叶，莫怨太阳偏。
责人之心责己，恕己之心恕人。

〔白话〕 树木应自恨没有长出枝叶，不要埋怨太阳照射得偏斜。以要求或责备别人的心来要求或责备自己，以宽恕自己的心来宽恕别人。

←廉颇负荆请罪，蔺相如宽容大度。

〔解读〕 孔孟之道讲求"反求诸己"和"恕道"。孔子说："射有似乎君子，失诸正鹄，反求诸其身。"（射箭的道理与做君子的道理有相似之处。比如没有射中靶子，应该回过头来从自己身上找原因。）孟子说："爱人不亲，反其仁；治人不治，反其智；礼人不答，反其敬。行有不得者皆反求诸己。"

〔案例〕《宋史·范仲淹传》：纯仁（范纯仁是范仲淹次子）性夷易宽简，不以声色加人……尝曰："吾平生所学，得之忠恕二字，一生用不尽。以至立朝事君，接待僚友，亲睦宗族，未尝须臾离此也。"每诫子弟曰："人虽至愚，责人则明；虽有聪明，恕己则昏。苟能以责人之心责己，恕己之心恕人，不患不至圣贤地位也。"（即便是最愚笨的人，责备、要求别人的时候也明智明理；即便是聪明的人，在宽恕自己的方面也会昏聩。如果能以责人之心责己，恕己之心恕人，不用担心不能成为圣贤。）

【原文】

守口如瓶，防意如城。

【白话】 要像瓶口塞紧了一般谨慎言谈，要像守城防敌一样遏制私欲恶念。

⇑ 富弼屏风书"守口如瓶，防意如城"。

【解读】 这两句劝诫人要谨慎言谈，时时端正自己的思想。王阳明说："一念发动处便即是行。"因此要不断与人性中的恶性、恶念作斗争。

【案例】 （1）北宋时，年轻有为的富弼经范仲淹的推荐，被宋仁宗任命为河阳判官，因政绩突出，后来升至宰相。他与王安石变法主张不合，就辞去宰相之职，回到故乡隐居。他从不随便表示自己的喜怒，办事公正，主张"守口如瓶，防意如城"。宋代晁说之《晁氏客语》记："富郑公年八十，书座屏云：守口如瓶，防意如城。"

（2）隋朝开国名将贺若弼，他的父亲贺若敦，以勇略著称于北周，屡建奇功，然功高却不得高位，于是口出怨言，激怒了执政的晋国公宇文护，被逼自杀。临死前，他对儿子说："我志在平定江南，然壮志未酬，你当继承我志。我口无遮拦，招致大祸，你当引以为戒。"说罢拿出锥子，刺得贺若弼舌头出血，以此让他牢记必须慎口。然而贺若弼终究没能牢记父亲的嘱咐，最后还是因为居功自傲、不知收敛、自视甚高、口无遮拦而被杀。

【原文】

宁可负我，切莫负人。
再三须重事，第一莫欺心。

【白话】 宁可别人辜负了自己，也不要对不起别人。处理事情要慎重、反复考虑，但首要的是不要欺骗自己的良心。

【解读】 "宁可负我，切莫负人"是一种善良的人生态度，这种人生态度体现着一种崇高的人性光辉，抱持着这种人生态度的人，是值得珍视的。作为对比的，是曹操的名言："宁我负人，毋人负我。"这话在世道中显得更为实际。但是曹操并不是一个自私自利、小器吝啬的人，《资治通鉴》评价他："知人善察，难眩以伪。识拔奇才，不拘微贱，随能任使，皆获其用……勋劳宜赏，不吝千金；无功望施，分毫不与。"荀彧、郭嘉曾称赞曹操仁义。

《道德经》中说："民之从事，常于几成而败之。慎终如始，则无败事。"人们常因不能始终保持审慎的态度而功败垂成。凡事三思而行，慎终如始，这是成功的保障。人生的根本前提，是不要丧失良知。

【相关名言】1. 良知是内心的审判者。（雪莱）2. 人一旦丧失了良心就毫无可取之处。（沃尔顿《高明的垂钓者》）3. 凡事三思而行，跑得太快是会滑倒的。（莎士比亚）

虎生犹可近，人熟不堪亲。

【原文】

【白话】 老虎虽然生猛，但还可以靠近；人若是熟悉了，却不堪亲上加亲。

【解读】 人与人之间关系亲近了，有时反而容易产生隔阂与矛盾，其中的道理在前文中已有所论及。人和人之间关系亲密，也要保持礼数、保持尊重、留有余地，不要认为关系亲密就可以轻慢随意。有多少自认为已经"好到穿一条裤子"的好友，就因为细节上的轻慢、随意、放肆而伤了关系？如果认为相互不随便，便不足以体现关系的亲密，那真是荒唐的想法。人与人之间关系亲近，相互的期待就会提高，有的人会要求对方无条件地理解自己、支持自己。没有得到理解和支持，就会产生不满甚至怨恨。举例来说，你向一个不熟的人借钱不得，你觉得正常，但是向亲朋好友借钱不得，难免会怨恨不满，这是人主观上认为顺理成章之事，然而后来期待落空，所产生的落差所致。

【案例】《史记·张耳陈余列传》记载的张耳和陈余两人是患难之交，誓同生死，他们拥立赵王歇对抗秦朝，后来赵王歇和张耳被秦兵围困在钜（jù）鹿城，张耳要求驻扎在钜鹿城北的陈余与秦军决一死战以解围。陈余虽然出兵相救，但因虑及实力悬殊，未倾全力，引起张耳不满。钜鹿解围后，陈余向张耳交还将军印，两人的嫌隙逐渐加深，最后发展到欲置对方于死地而后快的局面。

⇒ 张耳与陈余产生嫌隙。

【原文】 # 来说是非者，便是是非人。

【白话】 前来议论别人是非的人，便是挑拨是非的人。

【解读】 前来议论他人是非的人，多有搬弄生非、挑拨离间者，我们心中要有所明辨。这要求我们要有一个公正公平的态度，多方考证，不听一面之词，不因感情和意气用事。

【案例】 （1）宋真宗时，真宗见宰相李沆从来不密奏朝事，问他："别人都有密奏，唯你没有，何故？"李沆回答说："我蒙皇恩授以宰相职，公事就公开说明它，何用密奏？人臣密奏，不是说坏话的就是谄媚的，我最厌恶，怎能效尤？"

（2）历史上受小人搬弄是非、谗言陷害的忠臣良将很多，比如吴王夫差听信伯嚭之言赐死伍子胥；赵王迁听信郭开之言杀死良将李牧；齐后主高纬听信小人之言诛杀名将斛律光；唐庄宗听信李从袭等人的谗言陷害，终致国家栋梁郭崇韬遇害；等等。搬弄是非、挑拨离间、陷害忠良的人，下场通常也不会好。越王勾践利用伯嚭进谗言除掉伍子胥并灭亡吴国以后，处决了伯嚭，认为伯嚭不忠于他的国君，在外接受大量的贿赂，私自与越国交结，替越国办事。

【相关名言】1.谗不自来，因疑而来；间不自入，乘隙而入。（刘基）2.息事宁人的谎言，胜过搬弄是非的真话。（萨迪《蔷薇园》）

【原文】 **远水难救近火，远亲不如近邻。**

【白话】 远处的水救不了近处的火，远方的亲戚不如就近的邻居能及时给予帮助。

【解读】 "远水难救近火"让人着眼于眼前的现实情况，"远亲不如近邻"是一句让人感到温暖的常用语。

【案例】 （1）《韩非子》中讲：鲁穆公让自己的儿子们有的去晋国做官，有的去楚国做官。穆公的大臣对穆公说："从越国请人来救溺水的孩子，越国人虽然善于游泳，但一定救不了孩子。失火而从海里取水来救，海水虽然很多，但火一定扑灭不了，因为远水救不了近火。现在晋国和楚国虽然强大，但齐国离鲁国更近，如果受到齐国攻击，鲁国的祸患恐怕难救了。"

（2）明王朝的创建者朱元璋本是一个贫农家庭安分守己的子弟。在他 17 岁那年（元顺帝至正四年），他的家乡（安徽凤阳）发生了严重的旱灾、蝗灾与瘟疫。他的父亲、母亲、大哥不到半月相继去世。家里没有钱，买不起棺材，也没有坟地。幸亏邻居刘家好心，准朱元璋和二哥把父母、大哥三人的尸首埋在刘家坟地里。

【相关名言】 1.买邻之直，贵于买宅。（《太平御览》）2.邻并须来往，借取共交通。急缓相凭仗，人生莫不从。（王梵志）

[原文]　**有茶有酒多兄弟，急难何曾见一人。**

[白话]　有茶有酒的时候，身边会有很多称兄道弟的人。遭遇急难的时候，却看不到一个人在身边。

←有茶有酒多兄弟，急难何曾见一人。

[解读]　此则贤文感叹人情淡薄、世态炎凉。人性趋暖避寒、趋利避害、趋吉避凶，《管子》中说："夫凡人之情，见利莫能勿就，见害莫能勿避。"当一个人有钱有势的时候，人们便愿意接近他；当一个人穷困潦倒、遭逢灾祸的时候，除了真正的至亲至近，大多数人会选择远离，这是人之常情。既然世态人情本来如此，我辈当以等闲视之。最重要的，还是自立自强、自慎自重，不将前途和希望寄托于他人身上。

[案例]　西汉李陵兵败被俘，司马迁为之辩解，惹怒汉武帝，将他交付狱官，处以严酷的刑罚。司马迁在《报任安书》中说，我家境贫寒，微薄的钱财不足以拿来赎罪，朋友们谁也不出面营救，皇帝左右的亲近大臣又不肯替我说一句话。我的血肉之躯并非木头和石块，却与执法的官吏在一起，深深地关在牢狱之中，我向谁去诉说内心的痛苦呢？

[相关名言] 1.可憎者，人情冷暖；可厌者，世态炎凉。(《幼学琼林》) 2.天运之寒暑易避，人生之炎凉难除。(《菜根谭》)

【原文】 **人情似纸张张薄，世事如棋局局新。**

【白话】 人与人之间的情分如纸张一样薄，世上的事情就像下棋一样每局都有新的变化。

⇒人情似纸张张薄，世事如棋局局新。

【解读】 人情是有似纸薄的一面的，这是因为人都有自私自利、自我保全的天性。荀子在《性恶篇》中说："顺人之情，必出于争夺，合于犯分乱理，而归于暴。""现代经济学之父"亚当·斯密说，人天生就是自私的动物。霍布斯则认为，人在"自然状态"暴露的本性就是自私自利，个人只顾满足自己的需要，凡是能满足自己需要的东西都要据为己有，人际关系中充满了各种各样的争夺、侵占、阴谋，"人对人像狼一样"。所以说"人情如纸"并非毫无根据。也正因为如此，才衬托出"舍己"与善良助人的可贵。

长江后浪推前浪，一代新人换旧人。斗转星移，人世沧桑，世上的人和事不断地变化着，因此也就不断呈现出新的势态。

【相关名言】1.人间桑海朝朝变，莫遣佳期更后期。（李商隐《一片》）2.世道如弈棋，变化不容覆。（苏轼《和李太白并序》）

[原文] **山中自有千年树，世上难逢百岁人。**

[白话] 山中生长着上千年的树木，世间却难以遇到活到百岁的人。

[解读] 古代由于生活和医疗、保健水平有限，人的平均寿命在40岁左右，遇到战乱、灾害还要更低。所以杜甫写诗说："人生七十古来稀。"历史上的长寿的名人，如孟子（84岁）、孙思邈（102岁）、陆游（86岁）、郭守敬（86岁）、黄宗羲（86岁）、沈德潜（97岁）、乾隆皇帝（89岁）等，大都有自己的养生保健方法，但是过百岁的还是少之又少。在古代，"世上难逢百岁人"，其言不虚。

中医的奠基之作《黄帝内经》，开篇便阐述了人能否长寿的关键："上古之人，其知道者，法于阴阳，和于术数，食饮有节，起居有常，不妄作劳，故能形与神俱，而尽终其天年，度百岁乃去。今时之人不然也，以酒为浆，以妄为常，醉以入房，以欲竭其精，以耗散其真，不知持满，不时御神，务快其心，逆于生乐，起居无节，故半百而衰也。"

中国传统医学有自己的养生理论，比如《抱朴子养生论》中说："且夫善养生者，先除六害，然后可以延驻于百年。何者是耶？一曰薄名利，二曰禁声色，三曰廉货财，四曰损滋味，五曰除佞妄，六曰去沮嫉。"清代程国彭《医学心悟》提出了保生四要："一曰节饮食，二曰慎风寒，三曰惜精神，四曰戒嗔怒。"

【原文】

力微休重负，言轻莫劝人。
无钱休入众，遭难莫寻亲。

【白话】 力气单薄就不要去背负重物，说话没分量就不要规劝别人。没有钱就不要到人群中去，遭难了，不要上门求助亲戚（讨人嫌）。

【解读】 孔子说："德薄而位尊，知小而谋大，力少而任重，鲜不及矣。"德行浅薄而身居尊位，才智狭小而图谋大事，力量小却担当重任，很少有不招致灾祸的。人贵有自知之明，人微言轻的时候，重要的是增强自身的实力。

伟大的古希腊哲学家亚里士多德认为，慷慨是人类的美德（慷慨并不等于奢侈浪费）。慷慨的人，容易造就良好的人缘。在与他人交际交往的过程中，如果因为囊中羞涩而落下吝啬小气、爱占便宜的评价，那就不如减少交际，专心自强。

《增广贤文》中有不少冷眼看人世炎凉的内容，看似消极，实则有其冷静切实的依据，贴合人性。人性趋利避害、趋吉避凶，所以有祸难的时候，想要投靠亲朋好友，须慎重考虑。正在遭受祸难之人，难免惹人嫌恶、受人冷遇。

曾国藩曾言，好汉打脱牙和血吞，唯有一字不说，咬定牙根，徐图自强而已。

⇒ 遭难莫寻亲。

【原文】 **平生莫作皱眉事，世上应无切齿人。**
　　　　士者国之宝，儒为席上珍。

【白话】 一生不做愧对良心、伤天害理的事，世上就不会有对你痛恨得咬牙切齿的人。德才兼备的人是国家的珍宝，读书人好比筵席上的珍馐美味。

◁ 做让自己皱眉之事有后患。

【解读】 "平生莫作皱眉事"基于人有良心的前提，如果人没有良心，或者天良丧尽，就可能眉头都不皱一下地做任何坏事。人是否有良心？中外圣贤的普遍观点认为人是有一些基本的良心的，无论在亚当·斯密的《道德情操论》，还是王阳明的"致良知"学说中，都表达了基本良知是人与生俱来的观点。雨果说："良心，是存在于我们心中的，生来就有的那么一点知识。"正因为大多数人，无论他们是否意识得到，其内心都有良知的存在，因此在做伤天害理的事情时，会受到良知的谴责。一个人不做伤天害理的事，就很少会遭到怨恨和报复。

　　《增广贤文》中有不少推崇书籍、知识、读书人的话语。尊重知识、尊重人品是中华民族的优良传统，"读书无用论"只是浮躁风潮的渣滓。

【相关名言】 1.那些将自己的幸福建立在别人的痛苦之上的人，注定要被仇恨的锁链锁住，而且绝不可能挣脱那些锁链。(《法句经》)

【原文】

若要断酒法，醒眼看醉人。

【白话】　如果想要找到戒酒的方法，就在清醒时看看醉酒之人丑态百出。

【解读】　中国古人对酒呈现两种态度，一种视酒为害，一种视酒为友。《尚书》中有"酒诰"一篇，据说作者是周公，被视为最早的禁酒令，文中认为酒是丧德亡国的根源。《黄帝内经》中将醉酒作为人不能尽天年的原因之一，民间俗语则有"酒是穿肠毒药"的警诫。

古代的诗人多以酒为友，视诗酒琴歌为雅好，著名的如陶渊明、李白、苏轼等大诗人，他们留下了许多有酒的广为传诵的佳作。"对酒当歌，人生几何""李白斗酒诗百篇，长安市上酒家眠""将进酒，杯莫停……五花马，千金裘，呼儿将出换美酒""明月几时有，把酒问青天"等都是脍炙人口的诗词。

总体来看，纵酒、酗酒给人的身心、事业、家庭带来的伤害是巨大的，诗人们或多或少地都领悟到了这一点。陶渊明、李白的后代中都有残障儿童。陶渊明写下《止酒》诗，表达了想要戒酒但又离不开酒的痛苦。陆龟蒙写《中酒赋》，表达了戒酒的决心，以后果然戒酒饮茶。辛弃疾写"将止酒戒酒杯使勿近"词，表达了对酒害的认识。《名贤集》中说："大道劝人三件事，戒酒除花莫赌钱。"

⇒ 若要断酒法，醒眼看醉人。

〔原文〕 **求人须求英雄汉，济人须济急时无。**
渴时一滴如甘露，醉后添杯不如无。

〔白话〕 求人帮助，要求胸怀坦荡、重情重义、有担当的英雄汉（大丈夫）；救济他人，要救济那些急需帮助的人。干渴的时候，一滴水也如甘露般甜美；人已醉酒还为他添杯加酒，不如不添。

〔解读〕 "英雄汉"一作"大丈夫"。在别人急需帮助的时候给予帮助，能让人时过境迁依然记忆深刻，长久地心怀感恩之情。《水浒传》中，宋江之所以能得到众多英雄好汉的追随和认可，因他常能在他人需要帮助时给予及时的帮助，江湖人称"及时雨"。《史记·伍子胥列传》所载渔父助子胥脱险，清末巨商胡雪岩经常赈济灾民，都属此类。

　　生活中最好少求人。《中庸》言："正己而不求于人，则无怨。"实在迫不得已请求他人帮助，也要向光明磊落且重情重义的英雄汉、大丈夫、君子人求助，就是曾子所说的"可以托六尺之孤，可以寄百里之命"的君子人。《史记·刺客列传》中记载的严仲子拜求聂政，《史记·赵世家》中所载的公孙杵臼、程婴的义举，三国时蜀汉昭烈帝刘备临终托孤于诸葛亮，都是顾托得人。

济人须济急时无。

〔相关名言〕 在他人需要时，要做黑暗中有力的手。（布莱克《友谊的培养》）

【案例】 聂政是个侠士，他因为躲避仇家，和母亲、姐姐逃到齐国，以屠宰牲畜为职业。

严仲子与韩国国相侠累有仇怨，严仲子四处游历，寻访能替他向侠累报仇的人。他听说聂政是个勇士，就多次登门拜访，并备办了宴席，亲自向聂政的母亲敬酒，又献上黄金一百镒（yì），为聂政老母祝寿。聂政对厚礼感到奇怪，坚决谢绝。严仲子却执意要送，聂政辞谢说："我幸有老母健在，家里虽贫穷，客居在此，以杀猪宰狗为业，对老母的供养还算齐备，不敢接受仲子的赏赐。"严仲子避开旁人，对聂政说："我有仇人，我周游好多诸侯国，都没找到为我报仇的人；来到齐国，私下听说您很重义气，所以献上百金，作为您母亲大人一点粗粮的费用，跟您交个朋友，哪里敢有别的索求和指望！"聂政说："我之所以降志辱身做个屠夫，只是希望借此奉养老母；老母在世，我不敢对别人以身相许。"严仲子执意赠送，聂政始终不肯接受。

后来，聂政的母亲去世，聂政服丧期满后，说："哎呀！我不过是平民百姓，拿着刀杀猪宰狗，而严仲子是诸侯的卿相，却不远千里，屈尊与我结交。我待人家的情谊太浅薄太微不足道了，没有什么功劳可以和他对我的恩情相抵。我怎么能一味地默不作声，就此完事了呢！他以前来邀请我，我只是因为老母在世才没有答应。如今老母享尽天年，我该为了解我的人出力了。"于是就往见严仲子，打听出仇家是谁，继而刺杀了韩相侠累，聂政自己也事成身亡。

⇒ 严仲子请托聂政。

〔原文〕 **久住令人贱，贫来亲也疏。**

〔白话〕 在别人家住久了，就会让人轻视；人如果贫穷，亲人也会疏远。

〔解读〕 这两句是经验之谈，是在日常生活中经常能见到的情况。

〔案例〕 （1）《史记·楚元王世家》载，汉高祖刘邦微贱的时候，常常和宾客到大嫂家吃饭。大嫂感到厌烦，便在高祖和宾客来家时，假装羹汤已吃完，用勺子刮锅，宾客因此离去。客人走后，高祖却看到锅里还有羹汤，因此对大嫂有怨气。等到高祖当了皇帝，分封兄弟，唯独不封大哥的儿子。太上皇为之说情，才封其为羹颉侯。

（2）《史记·淮阴侯列传》载，淮阴侯韩信早年贫穷，曾多次在南昌亭长家寄食，一连数月。亭长的妻子嫌恶他，于是一早把饭煮好吃掉。到开饭的时候，韩信去了，亭长的妻子却不给他准备饭食。韩信明白了他们的用意，一怒之下离去。

⇑ 韩信贫贱时遭人嫌弃。

〔相关名言〕 1.你若贫穷了，你的弟兄会厌弃你，你的朋友会躲开你。（乔叟）2.贫穷使夫妻同床异梦，使朋友成为陌路。（布尔沃·利顿）

【原文】 酒中不语真君子，财上分明大丈夫。

【白话】 饮酒时不胡言乱语才是真君子，在钱财上清清楚楚才是大丈夫。

【解读】 醉酒后不但会丑态百出，还非常有可能因为失态失言而招惹灾祸，这方面的教训，我们在日常生活中就经常能看到，历史上也有不少事例。比如东晋孝武帝司马曜，大资颖悟，他在位期间，东晋还赢得了淝水之战的胜利。但是司马曜沉湎酒色，经常整夜饮酒，清醒的时间都不多。当时有个张贵人得宠于司马曜，年龄已经接近 30 岁了，司马曜酒醉后戏弄她说："以你这样的年龄早就应该被废掉了！"张贵人又惧又怒。到了晚上，司马曜大醉，暴毙。后世有司马曜死于张贵人之手的猜测。所以喝醉酒的时候，尽量缄口不言吧。

钱财是人类社会，无论公私，都最看重的东西之一。在钱财上一定要清清楚楚，要公私分明，即使是亲朋之间，也不能混乱不清。《名贤集》中云："言多语失皆因酒，义断亲疏只为钱。"

古代因为在钱财上清楚分明而获得名望的也不乏其人，比如官至丞相、以廉洁善治著称的西汉名臣黄霸，他早年管理郡国钱粮的出入之数，其账目清楚，没有侵隐，因廉洁被察举升迁。

【原文】 **积金千两，不如明解经书。**

【白话】 积累千两黄金，不如通晓经书。

【解读】 中国古代有个"学而优则仕"（语出《论语·子张》）的传统，由读书而仕进被视为出人头地、光宗耀祖的正途。中国古代的政府，从大部分时间看来，是崇尚文治的，取士考试的内容，以儒家经典为主。因此有上面两句的说法。

积金千两，不如明解经书。

【相关名言】 1.积财千万，无过读书。（颜之推）2.黄金满籝富有余，一经教子金不如。（张景修）3.学问是我们随身的财产，无论身处何地，我们的学问都跟我们在一起。（莎士比亚）4.不学无术在任何时候，对任何人，都无所帮助，也不会带来利益。（马克思）

◎ 中国古代人才选拔简说 ◎

先秦及汉初时期，有乡举里选之说，就是地方上推举人才给诸侯及天子。在春秋战国时期，国君和贵族公子常常把有学问、有才干的人供养在自己身旁（即"养士"），并从这些人中选取适当的人才，派任官职。战国四公子——齐国孟尝君、赵国平原君、魏国信陵君、楚国春申君都曾养士数千。

汉代采取察举、征辟、考试太学生等方式来委任官职。

察举是两汉选拔官吏的常设制度，汉高祖曾下求贤诏，汉惠帝、汉文帝也先后下诏求"贤良方正""直言极谏"之士。汉武帝时诏令天下察举孝廉和茂才。

征辟（征召布衣出仕。朝廷召之称征，三公以下召之称辟）始于西汉而盛行于东汉，除皇帝下诏征辟外，公卿、州郡长官也可以征辟人才为官，但如举非其人，也要负连带责任。

汉武帝时创建太学，太学的教官由博士担任，教授儒家经典，对太学生进行定期考试（一年一次），考试成绩中上等的太学生可以任官，成绩劣次，无法深造以及不能勤奋学习者，令其退学。

古代书籍都用竹帛书写，在印刷术发明以前，书籍要靠传抄。一片竹简只能写二十来字，抄一本书，费用很大。帛是丝织品，其贵更

⇑ 汉代官学。

可知。而且要抄一本书，必得不远千里寻师访求。因此读书求学非常不易，所谓"黄金满籝（yíng），不如遗子一经"。没有家庭背景的布衣平民，很少有通过读书求学，进而被察举入仕的机会。

东汉末年，察举制积弊甚多。三国时期，魏文帝采纳陈群的创议，以"九品中正制"选官，即由特定官员（中正官），按出身、品德等考核民间人才，分为九品录用。西晋、六朝时沿用此制。然而"九品中正制"选官依然无法避免世家大族影响乃至垄断推举权的问题，后来甚至造成"上品无寒门，下品无士族"的现象，不但堵塞了民间人才上升通道，世家大族更借此影响朝政。

隋唐时期废九品中正制，用科举制（科举制确立于隋朝还是唐朝，学术界尚有争议），更多的平民可以通过读书应试入仕。科举制特点为：

一、读书人都可自行报名参加考试，不必非要先由官吏推荐。

二、考试定期举行。

三、严格考试。

唐代科举考试科目有进士、明经、明法、明字、明算等科，进士、明经为人们所重，其中又以考进士难度最大，录取最少，所以最受尊崇，有"三十老明经，五十少进士"之说。明经科主要考对儒家经典的通晓和记诵；进士科以考诗赋为主，此外还考时务策论等。

↑ 曲江宴。唐玄宗朝始，考中的进士，放榜后宴于曲江亭，皇帝会亲自参加宴会。

宋代科举承袭唐制，但科目有所减少，其中进士科仍然最受重视。进士科经改革后，由主考诗赋改为主考经义、策论。宋代的科举放宽了录取范围，唐代录取进士，每次不过二三十人，宋代每次录取多达二三百人，甚至五六百人。宋代正式确立了州试、省试和殿试的三级科举考试制度。殿试以后，不需再经吏部考试，直接授官。所有及第的人都是天子门生。

⇑ 宋代殿试。

明代科举考试分为乡试、会试、殿试三级，主要考儒家经义和策论，要求以八股文写成。八股文有一套固定的写作格式，题目取自"四书五经"，句法要求排偶，字数有一定的限制。明清两代的科举制度大致相同，下面只就清代的科举制度加以简述，流程如下：

一、童生试

清人为了取得参加正式科举考试的资格，先要参加童生试，参加童生试的人称为儒童或童生。童生试包括县试、府试和院试三个阶段的考试，录取者称为"生员"，俗称"秀才"。这是"功名"的起点。鲁迅小说《孔乙己》中的主人公孔乙己在清末多次童生试均考不中，人已老了，还是童生。

二、乡试

乡试通常每三年在各省省城举行一次，由于是在秋季举行，所以又称为"秋闱"。参加乡试的是秀才，但是秀才在参加乡试之前要先通过科考选拔，成绩优良的才能选送参加乡试。乡试考中称为"举人"，第一名称"解元"，第二名称"亚元"。

三、会试

会试于乡试后次年春天，在京城的礼部举行，又称为"礼闱""春闱"。举人、国子监生员（监生）有资格参加会试，考中后称"贡士"，第一名称"会元"。为公布会试考中者而发的榜称为"杏榜"。

四、殿试

殿试是皇帝主试的考试，考策问。参加殿试的是贡士，经殿试赐出身，乃为进士。由于殿试不黜落参试人员，因此习惯上每于会试考中后即称进士。殿试分三甲录取。第一甲赐进士及第，第二甲赐进士出身，第三甲赐同进士出身。"进士及第""进士出身""同进士出身"都是进士。第一甲录取三名，第一名俗称"状元"，第二名俗称"榜眼"，第三名俗称"探花"，合称为"三鼎甲"。

⇧ 清代科考。

【原文】 # 养子不教如养驴，养女不教如养猪。

【白话】 生养儿子却不教育，就如同养了头驴；生养女儿却不教育，就如同养了头猪。

【解读】 孔子说："性相近也，习相远也。"这是说，人们的本性是相近的，后天的习染使人们之间相差甚远了。荀子说："生而同声，长而异俗，教使之然也。"这是说，人呱呱坠地的时候，啼哭声都是一样的；长大之后风俗习惯却各不相同，这是由于所受的教育不同。孟子说："饱食、暖衣、逸居而无教，则近于禽兽。"意思是，人吃得饱穿得暖，贪图安逸却不接受教育，与禽兽没什么区别。

在生活中，我们遇到形形色色的人，有的人懂礼貌，能够尊重、关心、体谅他人，对人抱着友善的态度；有的人自私自利，傲慢冷漠，粗俗无礼，不懂得尊重他人。难道人们是天生就有这样的分别吗？当然不是，是人们后天的成长环境和所受到的教育使然。俗话说，三岁看小，七岁看老。从一个人从小所受到的教育情况，以及他（她）所被灌输的人生观、价值观上，就可以在某种程度上预见其未来。

⇒ 养子不教如养驴。

【案例】 唐中宗李显曾被其母武则天先后软禁于均州（今湖北省丹江口市）、房州（今湖北省房县）14年，整日提心吊胆、担惊受怕，妻子韦氏陪伴他，两人相依为命。李显曾感激地许下诺言说："有朝一日重见天日，当任凭你所为，不加禁制。"他们在房州生儿育女，生下了最小的女儿安乐公主。李显很爱此女，常脱下自己的衣服裹抱，昵称为"裹儿"。

中宗李显恢复帝位后，安乐公主恃宠骄纵，卖官鬻爵，奢靡无度。她曾自做诏书，遮住前面的内容，请中宗签署，中宗笑笑，答应其请；又要求代替皇太子而成为皇太女，说："武氏之女尚且能做天子，我是公主，如何不可做皇太女？"中宗笑而不答。

安乐公主营建居所，全都模拟宫禁，她造私家园林，开凿广达数里的定昆池，其中各种人工景致、雕刻修造，极尽华丽之能事。

唐中宗如此宠爱安乐公主，可谓有求必应，但是因为对其宠溺过度而教育不足，造成安乐公主飞扬跋扈、无法无天的性格和作风，她欲壑难填，后来竟与其母合谋将中宗毒死，以期圆韦氏的女皇梦和自己的皇太女梦。

后来，李隆基发动政变（唐隆之变），诛杀韦氏，安乐公主也被诛杀。

⇑ 唐中宗对韦皇后与安乐公主百依百顺。

[原文] **有田不耕仓廪虚，有书不读子孙愚。**
仓廪虚兮岁月乏，子孙愚兮礼义疏。

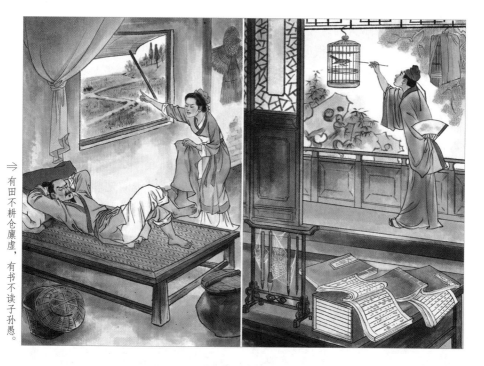

⇒ 有田不耕仓廪虚，有书不读子孙愚。

[白话] 有田却不耕种，家中的粮仓就会空虚；有书却不读，子孙就会愚昧。粮仓空虚，日子就会过得贫乏紧巴；子孙愚昧，就会疏于礼法道义。

[解读] 常言道，君子之泽，五世而斩。富贵传家，不过三代。忠厚传家久，诗书继世长。无论看历史还是看现在，那些以富贵传家而不注重后代教育的，即便是传之金山银山，即便是传之整个国家，都难以逃脱衰败的命运。所以历代君主帝王，只要不是太昏庸的，都会选择品行好、有才智的人士作为儿孙的师友，讲学侍读，就是因为明白这个道理。蜀汉昭烈帝刘备在遗诏中告诫后主刘禅说："勿以恶小而为之，勿以善小而不为！惟贤惟德，能服于人。"

再说说"礼义"二字。礼义，简单地说就是礼法道义，在古代被视为做人的根本。《礼记·冠义》中说："凡人之所以为人者，礼义也。礼义之始，在于正容体，齐颜色，顺辞令。容体正，颜色齐，辞令顺，而后礼义备，以正君臣，亲父子，和长幼。君臣正，父子亲，长幼和，而后礼义立。"意思是说，人之所以成为人，是因为有礼义。礼义的肇始，在于使举止端正，使态度端庄，使言谈恭顺。举止端正，态度端庄，言谈恭顺，然后礼义才算齐备，并用来使君臣各安其位，使父子相亲，使长幼和睦。君臣各安其位，父子相亲，长幼和睦，然后礼义才算建立。

古代的礼义并不完全适用于我们今天的日常生活，然而讲礼貌，懂尊重，做事基于正义与道德的原则，并不会因为时代的变迁而过时，只要生而为人，希望过上安顺的生活，便应当奉行。

◎ 中国古代的家训 ◎

家训是指家庭对子孙立身处世、持家治业的教诲。中国古代有层次的家庭，常以家训教导子孙。比如《新唐书·房玄龄传》记载，房玄龄治家有法，常恐子弟骄侈，仗势欺人，于是搜集古今家诫，书写在屏风上，让子弟遵行，并说："留意于此，足以保躬（身）矣！"

中国历史上有很多有名的家训，如《颜氏家训》《朱子家训》《曾国藩家训》等。在这里，我们摘录《颜氏家训·教子篇》中若干极有见地的话语分享给读者：

● 吾见世间无教而有爱，每不能然。饮食运为，恣其所欲，宜诫翻奖，应诃反笑，至有识知，谓法当尔。骄慢已习，方复制之，捶挞至死而无威，忿怒日隆而增怨，逮于成长，终为败德。

【白话】我见到世上那种对孩子不讲教育而只有慈爱的，常常不以为然。要吃什么，要干什么，任意放纵孩子，不加管制，该训诫时反而夸奖，该训斥责骂时反而欢笑，到孩子懂事时，就认为这些道理本来就是这样。到骄傲急慢已经成为习惯时，才开始去加以制止，纵使鞭打得再狠毒也树立不起威严，愤怒得再厉害也只会增加怨恨，直到长大成人，最终成为品德败坏的人。

● 孔子云："少成若天性，习惯如自然。"是也。俗谚曰："教妇初来，教儿婴孩。"诚哉斯语。

【白话】孔子说："从小养成的就像天性，习惯了的也就成为自然。"这是很有道理的。俗谚说："教媳妇要在初来时，教儿女要在婴孩时。"这话确实有道理。

● 人之爱子，罕亦能均，自古及今，此弊多矣。贤俊者自可赏爱，顽鲁者亦当矜怜。有偏宠者，虽欲以厚之，更所以祸之。

【白话】人们爱孩子，很少能做到平等对待，从古到今，这种弊病一直都很多。其实聪明俊秀的固然惹人喜爱，顽皮愚笨的也应该加以怜悯。那种有偏宠的家长，虽然是想厚爱之，实际却祸害了他。

【原文】

听君一席话，胜读十年书。
人不通古今，马牛而襟裾。

【白话】 听您讲了这一番话，胜过读了十年的书。人如果不通晓古今事理，就像穿了衣服的马牛一样。

【解读】 人生中，如果能遇到贵人，是件幸运的事。贵人带来的可能是直接的机会与帮助，也可能是精神上的鼓舞与思路上的启发、分析。在关键时刻有人指点迷津，会产生重要而深远的作用。

说人不知晓古今事理便会流于愚昧，是因为人类的智慧和判断力来自对以往经验教训的积累和总结，缺少它们，我们对事物的判断就缺乏依据。

【案例】 春秋时，秦穆公听由余为他分析比较戎夷不同于中原的治理方式，改变了以往的国策，使秦国"开地千里，遂霸西戎"。秦朝灭亡后，项羽将刘邦封为偏远的汉中王，是韩信为刘邦分析了时局，坚定了刘邦的信心，汉军遂向东挺进，平定了三秦，与项羽争夺天下。刘备三顾茅庐访到诸葛亮，诸葛亮一番"隆中对"，未出茅庐而知三分天下。刘备闻言，避席拱手相谢说："先生之言，顿开茅塞，使备如拨云雾而睹青天。"类似的历史故事还有很多。

⇒ 隆中对。

【原文】

茫茫四海人无数，哪个男儿是丈夫！
美酒酿成缘好客，黄金散尽为收书。

【白话】 茫茫四海人无数，哪个男儿才是真正的大丈夫？酿成美酒是为了热情招待客人，散尽黄金只为了收藏书籍。

【解读】 中国古人对于"大丈夫"是有明确的定位的，见于孟子与景春的对话。景春说："公孙衍、张仪这样的人难道不是真正可称为大丈夫的吗？他们一旦发了怒，天下的诸侯便要害怕。"孟子说："这样的人又怎能算得上大丈夫呢！只有居住在天下最宽广的住宅'仁'里，站立在天下最正确的位置'礼'上，行走在天下最宽广的道路'义'上；能实现理想时，与百姓一同遵循正道而行；不能实现理想时，就独自行走自己的道路。富贵不能迷惑他，贫贱不能动摇他的操守，威武不能使他的意志屈服，这样的人才称得上是大丈夫。"（富贵不能淫，贫贱不能移，威武不能屈，此之谓大丈夫。）

我们在古诗文中常见到酒，但是中国古人绝不提倡狂喝滥饮的酗酒，酿得美酒，是为了欢迎佳客。为了收藏书籍不惜散尽千金，足见中华民族是一个热爱知识与文化的民族。

⇑ 美酒酿成缘好客。

城门失火，殃及池鱼。

【原文】

【白话】 城门失火，大家都到护城河取水，殃及了护城河中的鱼。

【解读】 这两句话常用来比喻因被牵连、连累而遭受灾祸。由这两句话可以联想到中国历史上残酷的株连、连坐之法。在中国古代严刑峻法的朝代，常施行株连、连坐之法。商鞅变法时，下令把十家编成一什，五家编成一伍，互相监视检举，一家犯法，十家连带治罪。以后的朝代，诛三族（父族、母族、妻族）司空见惯，又发展出诛五族、诛七族、诛九族，到明成祖诛方孝孺十族，连朋友、门生都受牵连，株连已经是登峰造极。明代胡惟庸案受株连被杀者逾 3 万人，蓝玉案受株连被杀者逾 1.5 万人。清代大兴文字狱，每一案都株连甚多。

明确废除株连、连坐之法的君主少之又少，最著名的便是汉文帝。秦法规定，罪人的父母、兄弟、姊妹、妻子和子女都要连坐，重则处死，轻则没为官奴。汉文帝明令废除这一法令。

【案例】《世说新语·言语》载，孔融被捕时，大儿子九岁，小儿子八岁。孔融对前来逮捕他的差使说："希望惩罚只限于我自己，两个孩子能保全性命。"这时，孔融的儿子从容地上前说："父亲见过打翻的鸟巢下面还有完整的蛋吗？"随即，两个儿子也被拘捕了。

⇧ 株连。

【原文】 # 救人一命，胜造七级浮屠。

【白话】 救人一命，胜过建造七层宝塔的功德。

【解读】 孟子说："人皆有不忍人之心。"这是说人们都有一颗见人遭遇不幸而有所不忍的心。孟子把这种"不忍人之心"称为"恻隐之心"，他举了一个例子说，人们突然看见无知的小孩将要爬跌到井里，自然会产生一种既担心害怕，又同情怜悯的心情，并不是为了想跟这孩子的爹娘攀交情，不是为了要在邻里朋友中博得个好名声，而是由于人的自发的同情心。孟子说，没有同情之心，算不得人。亚当·斯密在《道德情操论》中发表过这样的观点，他认为，同情是人类最原始的一种情感特质，每一个人都具备，它是人与人之间建立联系、维系社会的纽带。人类学家玛格丽特·米德把远古留下的一根因受人救助而愈合的大腿骨视为人类文明开始的标志。没有他人的帮助，这位伤者已葬身兽腹。无论中外，都将同情他人的痛苦与不幸、救死扶危视为人之所以为人的根本。

佛教虽然是出世的宗教，然而佛祖在创立佛教的时候发了大慈悲心，想要帮人们解除生、老、病、死的痛苦。佛教讲因果，讲善有善报，恶有恶报。作为一个佛教徒，首先应该遵从"诸恶莫作，诸善奉行"的佛家训诫。对于诸佛菩萨来说，造不造佛塔并不是最重要的，人人都能积德行善，并因此而脱离苦海，才是他们期待的。

⇐ 人乍见孺子将入于井，皆有怵惕恻隐之心。

庭前生瑞草，好事不如无。

【原文】

【白话】 庭院里长出奇异祥瑞的花草，这样的好事不如没有的好。

【解读】 庭院里长出奇异祥瑞的花草本来是件让人欣喜的好事，但却易受他人嫉妒和觊觎，因此有招灾惹祸的隐患。类似的例子不少，比如明代冯梦龙《醒世恒言》中的"灌园叟晚逢仙女"一篇，张衙内因见秋翁所栽种的花儿繁盛鲜媚，因此起了歹心，不但损毁了秋翁的花园，更设计让秋翁吃了官司，下了牢狱。秋翁后得花神之助，惩恶扬善。又如《聊斋志异》"香玉"一篇中，白牡丹也是因为光彩照人而被人挖走，真是"木秀于林，风必摧之"。不但花儿如此，如果家中生有美丽的女儿，也会令人有如此的忧虑。《聊斋志异》中的"胭脂"一篇，胭脂因为生得貌美，为歹人所垂涎，父亲死于歹人之手。

介 庭前生瑞草，好事不如无。

　　《道德经》中说："祸兮，福之所倚；福兮，祸之所伏。"福祸不但能相互转化，而且有不少看似是福事、好事的事情，背后其实隐藏着危险与祸患。战国时期的魏文侯，曾问李克关于吴国失败的原因，李克回答说："经常征战又经常胜利。"魏文侯说："经常征战又经常胜利，这是国家的福分，为什么灭亡了呢？"李克回答说："经常征战则民众疲惫，经常胜利则主上骄傲，以骄傲的君主统治疲惫的民众，没有不灭亡的道理。"

【案例】《世说新语》载，三国时曹魏大臣王经年少时家境贫苦，后来做官做到二千石的职位时，他母亲对他说："你本来是贫寒人家的子弟，现在做到二千石这么大的官，可以止步了吧！"王经对母亲的建议不以为然，后来担任尚书，心向魏帝曹髦（máo），对司马昭不表忠心，因而被逮捕。他流着泪向母亲谢罪说："没有听从母亲的教导，以致有今日！"他母亲并不悲愁，说："做儿子就能够孝顺，做臣子就能够忠君，现在你有孝有忠，有什么对不起我呢！"

⇑ 王经对母亲的建议不以为然。

【原文】 # 欲求生富贵，须下死功夫。

【白话】 人活着想要得到富贵，就要实打实地拼命努力。

【解读】 人生在世，没有任何一点成绩、成就、回报是能够轻易得到的。古今中外，每一位靠自己的智慧和双手取得成功的人走过的路，无不浸透辛勤的汗水，克服了种种困难。"宝剑锋从磨砺出，梅花香自苦寒来""台上一分钟，台下十年功""十年寒窗无人问，一举成名天下知"，想要获得社会的认可，不扎扎实实地下一番苦功夫是不行的。中国古代通过刻苦用功而出人头地的故事很多，"头悬梁，锥刺股""囊萤映雪""匡衡凿壁引光"……

【案例】 《战国策·秦策》载，苏秦游说秦惠王成就霸业之事，但他的建议没有被采纳。苏秦回到家，受到家人冷落，于是发奋研读谋略之书，反复揣摩体会。读到困倦欲睡时，他就拿锥子刺自己的大腿。一年以后，

⇒苏秦刺股苦读。

苏秦觉得研究已有所成，于是前往赵国游说赵王。赵王很欣赏苏秦的见解主张，封他为武安君，授相印，以兵车一百辆、锦绣一千匹、白璧一百对、黄金一万镒跟在他的后面，用来联合六国抑制强秦。苏秦游说六国达成联合拒秦的联盟，被任命为联盟长，担任六国的国相。

苏秦显荣后，路过家乡，家人远接高迎，尊崇备至。苏秦问嫂子："为什么过去那么趾高气扬，而现在又如此卑躬屈膝呢？"嫂子回答说："因为你地位尊贵而且很有钱呀。"苏秦叹道："唉！贫穷的时候父母不把我当儿子，富贵的时候连亲戚也畏惧，人活在世上，权势地位和荣华富贵，难道是可以忽视的吗？"

⇑ 苏秦衣锦还乡，家人远接高迎。

【相关名言】1.成人不自在，自在不成人。（罗大经《鹤林玉露》）2.富贵本无根，尽从勤里得。（中国谚语）3.在天才与勤奋之间，我毫不犹豫地选择勤奋，她几乎是世界上一切成就的催产婆。（爱因斯坦）4.一个人必须经过一番刻苦奋斗，才会有所成就。（安徒生）

百年成之不足，一旦败之有余。

【原文】

【白话】 一项事业，耗费百年的精力心血去做，可能都不足以成功，但是想要败坏它，用一天时间都绰绰有余。

【解读】 前面已经说过，人的一生，想在任何方面取得一点成绩，都是不容易的。我们看世界上历史悠久的品牌，大到造飞机、造船、造重型机械，小到制手表、制皮带、制螺丝，拥有上百年历史的企业并不鲜见。但稍加查询便可看到，其中不少历史悠久的企业，或由于经营不善，或由于缺乏创新，或因为跟不上时代的需求，或因为子孙贪图享乐、不务正业，在很短的时间内就破产倒闭，这真是应了上面两句话。

做人也如此，"从善如登，从恶如崩"，想要在人品学识上有进益不容易，想要放纵堕落却十分容易，不知不觉中，很快就走上了毁败之路。

【案例】 历史上，先人辛苦开创了基业，没有多久便葬送在后继者手中的例子不胜枚举。秦国经过二三百年的努力发展，到秦始皇时统一天下，自以为江山永固，可以传承万世，不承想秦始皇死后三年，群雄并起反秦，子婴出降，秦朝灭亡。史家归因于秦政的苛酷与秦二世的贪戾暴虐、荒淫无道。百年基业竟崩溃得如此之快！

⇒ 葬送祖宗基业，亡国出降。

【相关名言】 1.取之不易，守之亦难。（符坚）2.信用是难得易失的，费十年工夫积累的信用，往往因一时一事的言行而失掉。（池田大作）

[原文] **人心似铁，官法如炉。善化不足，恶化有余。**

[白话] 人心即便顽固如铁，政府的法律也能像炼炉一样熔化它。教化人向善的工作常常显得不足，因为人向恶的方向的转化速度是很快的。

[解读] 中国古代在社会管理方面影响最大的因素当属吏治，吏治清明，社会就安定，百姓能够安居乐业；吏治黑暗腐败，则民不聊生，盗贼并起。在两千多年君主专制、皇权独尊的历史中，吏治清明的时间不算多。当我们浏览史书便会发现，即便是治世的君主，为了打击各种可能对皇权产生威胁的人和团体，也会使用严刑峻法和酷吏，史籍中常见"酷吏传"，记载酷吏之事。大部分酷吏以刑杀为能事，多少无辜屈打成招，冤死者无数。有人曾问汉武帝时的酷吏杜周："你断案不遵循法律，专以皇上的意旨来断案，法官应当如此吗？"杜周回答说："法律是怎样产生的？皇帝认为对的就写成了法律嘛。"《新唐书·来俊臣传》中记载的酷吏来俊臣，其天性凶险残忍，以罗织罪名陷害无辜和忠良为乐事，他审讯囚犯，不问罪行轻重，都往犯人鼻子里灌醋，或把人泡在屎尿里，不给饭吃，一般不死出不了牢门。他发明各种惨无人道的刑具，审讯时，先把刑具摆给犯人看，犯人无不吓得魂飞魄散，马上屈认罪状。

↑ 人心似铁，官法如炉。

历代的有识之士，对当权者宜施用德治教化、减少刑狱之治的呼声不绝于耳。司马迁在《史记·酷吏列传》中作了沉痛的记述，他说，法令越严酷凶恶，杀人越多，官吏和百姓却越发轻易犯法，盗贼却越来越多，可见治理的根本并不在刑杀啊。

【案例】 西汉名臣韩延寿做颍川太守时，注意到前任太守赵广汉为避免百姓聚朋结党，引导当地人互相告发，颍川因此告发成风，百姓多结成仇怨。韩延寿想改变这种风气，便用礼义谦让的道德来教化民众，他担心百姓不听从，就召见德高望重的郡中长老数十人，设酒宴，亲自接待，把希望施行礼义的想法告诉他们，向他们询问当地民间的风俗习惯和百姓疾苦，向他们陈述和睦相处、相亲相爱、消除仇恨的方法。长老们都认为很有益处，可以施行。后来，颍川百姓遵从韩延寿的教化，颍川得到治理，民风有所改善。

⇑ 韩延寿接见郡中老人，申明教化之意，询问百姓疾苦。

【相关名言】1.不能御民者，弃其德法，专用刑辟，譬犹御马，弃其衔勒，而专用棰策，其不制也，可必矣。夫无衔勒而用棰策，马必伤，车必败。无德法而用刑，民必流，国必亡。(《孔子家语》)2.有多少罪孽就会有多少法律。(弥尔顿)

【原文】 # 水至清则无鱼，人太急则无智。

【白话】 水太清澈了，鱼就无法在其中存活；人太急躁、急切了，就会缺少智慧。

【解读】 古语言："水至清则无鱼，人至察则无徒。"水如纯净到没有任何杂质，那么鱼儿也会失去存活所必需的养分和食物，无法生存，这是有科学依据的。人如果太明察秋毫了，没有厚道宽容的一面，他便没有朋友和伙伴。这是生活的经验。

人在做事和面对各种问题时，切记不要急躁。古人讲"事缓则圆"，胡适先生非常欣赏这种说法。

【案例】 历史上因为急躁、急切而造成的大失败很多，比如蜀汉昭烈帝刘备急欲报关羽之仇，不听诸葛亮等人的劝阻而攻伐东吴，遭遇火烧连营的惨败，因此病逝。明末的崇祯皇帝，《明史》评价他"性多疑而任察，好刚而尚气。任察则苛刻寡恩，尚气则急遽失措"。崇祯帝因为太过急切，在位17年间，换了17个刑部尚书和50个内阁大学士（宰相），很多忠臣良将稍有过错便成为刀下之鬼，以致朝廷无人可用。

← 崇祯皇帝性急多疑，严苛好杀。

【相关名言】 1.好勇疾贫,乱也。人而不仁,疾之已甚,乱也。(孔子) 2.宽则得众。(孔子)

〔原文〕

智者减半，愚者全无。

〔白话〕 如果世界上的智者减少一半，世界上也便没有愚蠢的人。

〔解读〕 这两句话也有写为"智者减半，省者全无"的，表示世上的智者如果减少一半，清醒的人也就没有了。但这样的意思稍显浅薄。如果写作"智者减半，愚者全无"，则与老子的"绝圣弃智，民利百倍；绝仁弃义，民复孝慈；绝巧弃利，盗贼无有"相通，含义颇深。世界上有很多所谓的聪明人，从老子辩证地看待世界的视角来看，美与丑、智与愚总是成对出现的，没有丑就没有美，没有愚者就没有智者。好比我们说存在的时候，不存在的概念便同时出现。没有不存在，何谈存在呢？

世俗认为的聪明人、智者，常能占先机，名利上占先机，机会上占先机。然而有几个人是真的傻、愚呢？每个人都懂得追名逐利，人与人之间竞争着，攀比着，妒忌和仇恨也就产生了，争斗和祸乱也就产生了。如果把聪明人和智者减少一些，人与人相处也许更和睦；精于算计的人少了，所谓的愚笨者也便减少。世间很多的动荡和波澜，原本就是那些机关算尽、事事都要占先、占便宜的聪明人引起的啊。

⇈ 柳宗元在愚溪。永州愚溪，原名冉溪，柳宗元更名为"愚"，作《八愚诗》及《愚溪诗序》，抒写"愚"的理趣。

[原文] **在家由父，出嫁从夫。痴人畏妇，贤女敬夫。**

[白话] 女子未出嫁之前，要听从父亲的；出嫁以后，要听从丈夫的。愚痴的男子害怕妻子，贤惠的女子尊敬丈夫。

[解读]《礼记·郊特牲》言："妇人，从人者也，幼从父兄，嫁从夫，夫死从子。"《礼记》将妇女解释成是顺从他人的人，并规定女性要"三从"，明显带有男尊女卑的观念，在这方面，《说文解字》中对于"妻"的解释相对开明："妻，妇与夫齐者也。"这是说妻子是与丈夫地位平等的妇女。有些男人怕老婆，不一定是真的怕，可能是出于爱。

[案例]（1）"河东狮吼"算是很有名的"畏妻"之典，在《容斋随笔》"陈季常"一篇中有所叙述。苏东坡的朋友陈慥（字季常）喜欢结交宾客，爱好蓄养乐妓，然而他的妻子柳氏非常凶悍好妒，苏东坡有诗说："龙丘居士亦可怜，谈空说有夜不眠。忽闻河东狮子吼，拄杖落手心茫然。"河东是柳氏的郡望，暗指柳氏。此诗是说：我的朋友真可怜，谈论佛法忘睡眠。忽听妻子一声吼，手杖落地心发抖。

（2）中国古人将妻子敬重夫君视为美德，有"举案齐眉""相敬如宾"的成语。夫妻之间，应当相互尊重，不能只强调一方的态度。"举案齐眉"说的是东汉梁鸿与妻子孟光之事。孟光十分崇敬梁鸿，每天准备好饭食后，把盛食物的托盘举得跟眉毛一样高献给梁鸿。"相敬如宾"说的

⇐ 孟光举案齐眉。

73

↑ 鲍宣之妻。

是东汉高士庞德公与妻子互相敬爱，像对待宾客一样。两则故事均见于《后汉书·逸民列传》。

（3）《后汉书·列女传》载，西汉鲍宣的妻子，字少君。鲍宣曾经跟从少君的父亲学习，少君的父亲为他的清贫刻苦而惊奇，因此把女儿嫁给了他。少君出嫁时，嫁妆很丰厚，鲍宣感到不悦，对妻子说："你生在富贵骄奢的人家，习惯于华美的服饰，可我实在贫贱，不敢承受这样的厚礼。"少君说："我父亲因为您注重品德修养，信守约定，所以让我服侍您，既然已经侍奉您，当对您唯命是从。"鲍宣笑着说："你能这样，便符合我的心意了。"少君就全数退回了服饰，改穿平民的短衣裳，与鲍宣一起拉着小车回到家乡。少君拜见婆婆礼毕，就提着水桶出去打水，修行妇道，乡里的人对她交口称赞。

〔原文〕

是非终日有，不听自然无。

〔白话〕 是是非非的事每天都有，不去听就不会干扰我们。

是非终日有，不听自然无。

〔解读〕 人生活在人群、社会中，就难免有各种矛盾、瓜葛、是是非非，如果让这些烦扰影响了自己的身心健康，抑或干扰了日常的生活、事业的发展，是非常无谓的。对于搬弄是非的小人，以及看似无尽无休的人事纠葛，只要你少给予或完全不关注和理会，大部分所谓的是是非非会自行消解，被证明是庸人自扰。如果重视它们，不但浪费自己的时间和精力，影响身心，而且你会发现你越把它们当回事，它们就会愈演愈烈。常言道："两耳不闻窗外事，一心只读圣贤书。"请把精力和时间用在刀刃上，用在人生的大事上吧。

〔案例〕 东晋时，有人向会稽王司马昱报告说："武陵王司马晞的宫中大量准备武器，看来将要图谋政变。"司马昱把这一消息告诉了太常王彪之，王彪之说："武陵王没有谋反之志，愿您安静下来，以平息各种议论，不要再提这事了！"司马昱觉得此话有理，便把此事搁在一边不予理睬。后来的事实证明司马晞并无谋反之意。

〔相关名言〕 1.铜墙铁壁也阻止不了流言蜚语。（莫里哀）2.流言好似污垢，时间久了会自行消失。（托马斯·富勒）

【原文】 # 宁可正而不足，不可邪而有余。

【白话】 宁可做因为正直而贫困的人，也不做因邪恶而富有的人。

⇒宁可正而不足，不可邪而有余。

【解读】 本则贤文告诫人要坚守正道。有些人可能会觉得这两句话迂阔。关于坚守道德仁义不切实际、缺少实效的议论，历朝历代不绝于耳。然而我们稍加观察便能得出结论，在通常情况下，靠不义的途径获得的东西是不牢靠的。《大学》中言："言悖而出者亦悖而入，货悖而入者亦悖而出。"（用违背情理的话去说别人，别人也会用违背情理的话来回报你；用违背情理的手法得到的财物，也会异于正常地失去。）

【案例】 历史上那些大贪官，诸如东汉的梁冀，明朝的严嵩父子，清朝的和珅，当其得势时，结党营私，权倾朝野，贪赃纳贿，骄奢跋扈。梁冀敛财三十亿文，相当于中央政府当年财政收入的一半，侵占百姓大量的良田、子女；严嵩父子卖官鬻爵，贪赃枉法，其子严世蕃狂妄至极，甚至大笑说："朝廷无我富！"和珅之贪空前绝后，贪污数额达十几亿两白银，相当于清政府十几年的财政收入。然而历史上的巨贪恶霸，绝大多数没有好下场，上述三例，最后都获罪抄家，身败名裂，悲惨死去，梁冀更是被灭族。反观那些靠诚实努力不断上进的人，虽然可能一时贫困不得志，但无论从内心的安宁和幸福感，还是从长远的回报、历史的评价来看，才是真正的聪明人啊！

宁可信其有，不可信其无。

〔原文〕

〔白话〕 有的事情，宁可相信它是有的，也不要不假思索地认为它没有。

〔解读〕 这两句话常被用作对人的警醒，让人保持居安思危、防患未然的戒惧谨慎之心。欧阳修《伶官传序》中言："《书》曰'满招损，谦得益'，忧劳可以兴国，逸豫可以亡身，自然之理也……夫祸患常积于忽微，而智勇多困于所溺。"很多祸患，都是在人们的疏忽和轻视中发展的，一旦爆发，令人措手不及。所以我们对待人与事，做一些意外情况、可能发生的最坏情况的准备，谨慎警醒，是有必要的。著名的墨菲定律提供了这样的思路："如果事情有变坏的可能，不管这种可能性有多小，它迟早会发生。"

但我们也要懂得，做人做事，不可能在任何时刻、对所有人和事都抱持戒心，如果谁都不相信，对谁都持怀疑态度，我们将没有亲人，没有伙伴，无法开展事业，人生将是一片灰色。比较稳妥的办法是不走歪门邪道，经常反省自己。自己行得正坐得直，与人相处谦恭和蔼，不得罪人，多体谅、多宽恕、多理解他人，大部分祸患便会消弭于无形中。

⇑ 古代独揽大权的君主对臣子很容易"宁信其有，不信其无"。

[原文] **竹篱茅舍风光好，道院僧房终不如。**

[白话] 竹篱笆、茅草搭建（屋顶）的房屋，风景很美；道士住的道观、僧人住的寺院终究还是比不上它。

[解读] 俗话说，天下名山僧占多，道院僧房的选址，常常在山川风景佳处。但是在本则贤文中，认为竹篱茅舍的乡野生活要比在道院僧房中生活更加惬意，大体是觉得道院僧房终究是隔绝了人间烟火，四大皆空、清规戒律之下，将舍弃大部分生而为人的人生乐趣、人生之美与幸福。

中国古代的士人，虽然喜好禅理玄谈，但因为中国传统的文化是以宗族亲情为基础发展出来的，所以始终抱着对人的情感、对人事的关切、对生活的热爱。

世界上大多数的宗教，都将人性中贪婪的欲望作为人生痛苦的根源，很多修行的法门，是在寻找摆脱欲望困扰的途径。如果人能够在一种健康的心态当中，与大自然相和谐，怡然自得，恬淡自守，那么即便不出家修行，也是可以的吧？

⇑ 竹篱茅舍风光好，道院僧房终不如。

〔原文〕 **命里有时终须有，命里无时莫强求。**

〔白话〕命中注定有的，最后总会拥有；命中注定没有的，就不要勉强追求。

〔解读〕 这两句话看起来有点宿命论的消极，但有其独特的意旨和思路。

　　命运的影子不断在历史与人生中闪现，我们虽然不必一定相信命运的存在，但确实可以用命运来开解失去与失败的缘由。如果失去与失败都是命中注定，我们又何必过分自责和懊悔？且让一切顺其自然，让生命随遇而安吧。

　　随遇而安，并不代表着我们要放弃努力。努力不一定能得到，那里或许有运气的因素，但是不努力一定是得不到，即便得到了也守不住，这是自然的规律和道理。付出过诚实的努力，即便得不到，也没有什么可遗憾的。请坚信，所有诚实的努力，都将成为我们前进之路的坚实基石。

　　谋事在人，成事在天，让我们放下包袱，放下烦恼，畅然地前行吧！

⇑ 命里有时终须有，命里无时莫强求。

〔相关名言〕1.你应该认定自己的命运，任何人都不能在每一件事物上都高人一等。(伊索）2.人有时应当顺从命运，但绝不能屈服于它。(哈里法克斯）

【原文】

道院迎仙客，书堂隐相儒。
庭栽栖凤竹，池养化龙鱼。

【白话】 道院里迎接的是仙人般的宾客，书斋里隐居的是有宰相之才的儒者。庭院里种着能够吸引凤凰前来栖息的竹子，池塘里养着可以化成龙的鱼儿。

⇒ 道院迎仙客，书堂隐相儒。

【解读】 在中国文化中，融合着儒、释、道以及诸子百家的优秀文化积淀，你看中国智者的代表人物诸葛亮，戏剧中常穿道袍；被民间誉以神机妙算的刘伯温，也带有道家的色彩。魏晋人士喜欢谈论玄学佛理，明代理学如阳明心学，将禅学视角和观点融入了儒家。所以中国古代士人，以丰富的思想和学识、脱俗的生活情调、行为举止的道骨仙风作为理想的风范来追求。

中国文化之所以以儒家文化为主，是因为与其他主要学说相比，儒家比较重视人的价值，肯定人的权利，满足人的需求。"仁者爱人"的原则，是和文明进步的方向大体一致的。同时，儒学提倡"和"的精神，比较能够贴近"人情"。

中国的士人，普遍的态度是入世的，即便提倡超然脱俗，也关注着世道的变迁。"终南捷径"的成语、《北山移文》的讥讽，都从不同侧面反映出士人们"身在江湖，心悬魏阙"的思想感情。

〖原文〗

结交须胜己，似我不如无。
但看三五日，相见不如初。

〖白话〗 交朋友要交比自己强的人，才德与自己差不多的人也可以不去结交。常常看到的情况是，只过了三五天，见面的感觉就不如初见时那样好了。

〖解读〗 孔子说："无友不如己者，过则勿惮改。"孔子所讲的"不如己者"，主要是指品行低下的人，并不是说只要是能力或某一方面不如自己，便不能作为朋友。常和品行好、才能高的人接触，我们自身也会受到熏陶，有所提高。经常和品行不端、邪门歪道的人混在一起，那么染上坏习惯、偏离正轨是必然的。

〖案例〗 人品、才能都好的人，越接触越会觉得其珍贵。据《资治通鉴》载，东汉末年的江东名将程普，自认为年龄比周瑜大，多次凌辱周瑜，周瑜却降低自己的身份来对待程普，始终不与他计较。后来，程普逐渐对周瑜的才德感到钦佩，对周瑜亲近敬重，并告诉别人说："与周公瑾交往，好像喝下醇厚的美酒，不知不觉就已沉醉。"如果所结识的人，接触不多日便觉得无甚价值，对其的尊重每况愈下，除了有新鲜感降低的因素，恐怕更多的是随着相互了解的加深，对其人的评估发生变化。但无论如何都要记住，尽量不要得罪朋友、与朋友结仇结怨，"弃友"是有危险的。

〔原文〕 **人情似水分高下，世事如云任卷舒。**

〔白话〕 人与人之间的情义就像水一样有高下之分，世事就像天上的云一样卷舒聚散，变化万千。

⇒ 人情似水分高下，世事如云任卷舒。

〔解读〕 人的情感是有薄有厚、有亲有疏的，人们通常对亲人、朋友、对自己好的人，以及自己所喜爱的人，会有相对深厚的感情，这是人之常情。在世俗功利的现实社会中，有些人的感情，倾向于对自己有用、能给自己带来利益的人，这也可以理解。唯利是图的人，往往情感淡薄，亲情、友情在他们心中的分量不重，甚至用人朝前，不用人朝后；还有些人，对他人的情感，爱的时候希望其长久地活下去，厌恶的时候，又希望他死去（"爱之欲其生，恶之欲其死"）。以上两种态度皆不足取。要始终相信人间自有真情在，有情有义的人，是值得珍视的。

世事无常，云谲（jué）波诡，每每出人意料，带有戏剧性。以一颗宠辱不惊、随遇而安的心去面对变化不定的世事，说起来容易，做起来很难。《小窗幽记》中言："宠辱不惊，看庭前花开花落；去留无意，望天上云卷云舒。"如果我们把世事放在短小的时空内观看，会觉得处处都是大事，如果我们把世事放在宇宙的时空内观看，真是沧海一粟，微不足道。人类不过几百万年的历史，但只银河系就已经有上百亿年的历史了。花开花落，云聚云散，时光流淌，就让我们放下各种纠结和挂碍，让心胸更加宽广畅然，让生命焕发出自由与美丽的色彩吧。

〔原文〕

磨刀恨不利，刀利伤人指。
求财恨不多，财多害自己。

〔白话〕 磨刀时，唯恐刀不锋利；刀磨得锋利了，却容易伤人手指。求财时，总恨得到的钱财还不够多，钱财多了反而会害了自己。

⇑ 磨刀恨不利，刀利伤人指。求财恨不多，财多害自己。

〔解读〕 任何事情都有两面性，有利就有弊，并且利与弊在不同情况下还会相互转化。人的优点和缺点也具有两面性，一个人的优点，在有些情况下，也就是他的缺点。比如一个人认真细心，在工作上是优点，在人际交往上，可能表现为苛刻、小心眼、斤斤计较，就变成了缺点。本则中以磨刀为例，刀当然是磨得越锋利越好，但是刀磨得锋利了，也容易伤人。

财富也如此。一个人拥有财富是令人羡慕的，可是拥有财富容易遭人嫉妒、成为众矢之的，被人觊觎、算计。财富之间的差异，是最触动人神经的因素之一，因财而恨，是比较深刻的恨。

《红楼梦》中的"好了歌"唱道："世人都晓神仙好，惟有功名忘不了！古今将相在何方？荒冢一堆草没了。世人都晓神仙好，只有金银忘不了！终朝只恨聚无多，及到多时眼闭了。"

〔原文〕 **知足常足，终身不辱。知止常止，终身不耻。**

〔白话〕 知足的人总能处于满足的状态，一生都不会因为欲壑难填而遭受侮辱。做人做事有分寸、懂得节制的人，一辈子都不会因为放纵无度而蒙受羞耻。

⇒ 知足常足，终身不辱。知止常止，终身不耻。

〔解读〕《道德经》上说："甚爱必大费，多藏必厚亡。故知足不辱，知止不殆，可以长久。""祸莫大于不知足，咎莫大于欲得。故知足之足，常足矣。""知足"与"知止"是一个需要辩证看待的问题，是告诉人们要懂得节制、有度，并不是说安于现状，停滞不前。

拿人的欲望来说，恩格斯曾说："卑劣的贪欲是文明时代从它存在的第一日起直至今日的动力。"确实，人类因为有欲望，有需求，人类的文明才不断发展，科技才不断进步。然而欲望无限膨胀，会给个人、社会、人类、自然都带来灾祸。一战、二战，世界性的污染问题，全球气候异常……人类的重大灾难背后，都有过度膨胀的欲望的因素。

任何事情，过度了都不好。比如爱护过度变成溺爱，严厉过度变成暴虐，欲望过度沦为荒淫放纵，逍遥自适过度变成散漫消极。古希腊哲学家亚里士多德提倡"黄金中庸"，佛陀讲求"中道"，孔子也倡导"中庸之道"，中庸不是和稀泥，不是左右逢源，而是一种和谐而恰如其分的状态，不偏不倚，无过无不及。中庸之道是自强不息的，又是知足知止的，能够消弭祸患于未然，值得我们悉心体会。

【案例】 西汉学者疏广、疏受是叔侄，叔叔疏广为太子太傅，侄子疏受为太子少傅。皇太子刘奭 12 岁时，已通晓《论语》《孝经》。一日，疏广对疏受说："我听说'知足不辱，知止不殆''功遂身退，天之道也'。而今我们做官已到俸禄二千石的高位，功成名就，这样再不离去，恐怕将来会后悔。"于是，当天，叔侄二人就一起以身体患病为由，上书汉宣帝请求退休。汉宣帝批准所请，加赐黄金二十斤，皇太子也赠送黄金五十斤。公卿大臣和故人在东都门外设摆酒宴为他们送行，前来相送的人乘坐的车辆达数百辆之多。沿途观看的人都赞道："两位大夫真是贤明！"有人甚至为之感叹落泪。

　　疏广和疏受回到家乡，每天都命家人变卖黄金，宴请族人、故旧、宾客等一起取乐。有人劝疏广用黄金为子孙购置一些产业，疏广说："我岂是因为年迈昏聩而不顾子孙，我是念及家中原本就有土地房屋，子孙们勤劳耕作，就足够供他们衣食所用。如今再要增加产业，使有盈余，只会使子孙们懒惰懈怠。贤能的人，如果财产太多，就会磨损他们的志气；愚蠢的人，如果财产太多，就会增加他们的过错。况且富有的人是众人怨恨的目标，我既然无以教化子孙，就不愿增加他们的过错，让他们成为被怨恨的目标。"族人听后都心悦诚服。

⇐疏广、疏受辞官还乡。

【原文】

有福伤财，无福伤己。

【白话】 在人生的波折中，有福气的损失了些财货，没有福气的人则损伤了自身。

⇒有福伤财。

【解读】 人最宝贵的是生命和健康。现代人常说生命和健康是 1，如果没有了这个 1，无论后面再加多少个 0，还是 0。没有了生命与健康，就算得到再大的名利，再多的财富，也和自己没有关系。俗话说："破财免灾。"破财还不算是真正的灾祸，生命和健康受到损害才是真正的灾祸。有多少功成名就、大富大贵之人，不惜重金想要恢复健康、延长寿命而不可得。在生命与健康面前人人平等，地位与财富所能提供的助力很有限。看看历朝历代的皇帝，享受着全国最好的营养与医疗条件，但是如果自身放纵不节制，就算是没有敌国和内患的威胁，因沉湎酒色而亡身的也比比皆是。钱财是身外之物，世上没有后悔药可吃。人往往在生命面临危险，健康受到损害的时候，才会明白什么是最可珍贵的。

"有福伤财，无福伤己"也可以扩大范围，比如即便损失些钱财，也不愿损害自己的名誉、道德、亲人等。人生中确实有很多比金钱珍贵的东西。

【原文】

差之毫厘，失之千里。

【白话】 毫厘的差错，会导致相差千里的结果。

【解读】"差之毫厘，失之千里"主要是在警诫人们要谨慎小心，避免因为马虎随便、疏漏大意造成严重的损失。

【案例】《资治通鉴》记载，东汉末年的名士崔琰（yǎn），把钜鹿人杨训推荐给曹操，曹操以礼征召并任用杨训。及至曹操晋爵为王，杨训作表为他歌功颂德。有人嘲笑杨训阿谀世俗，轻浮虚伪，说崔琰荐人不当。崔琰从杨训那里把上表的底稿取来查看，给杨训写信说："看了你的上表，事情做得很好。什么时代啊！总有一天会改变的。"崔琰的本意，是讥讽那些乱议论的人太苛求，不通情理。当时有与崔琰历来不和的人，上告崔琰"傲慢而目空一切，怨愤诽谤，信中有悖逆不逊之意"。曹操很气愤，下令把崔琰逮捕入狱，处以剃光头发服苦役的刑罚。那个告发崔琰的人又说："崔琰当了刑徒，对宾客捻着胡须直视，似乎心有所恨。"曹操于是命令崔琰自杀。

【相关名言】1.天下难事必作于易，天下大事必作于细。（老子《道德经》）2.长堤溃蚁穴，君子慎其微。（王懋竑）

【原文】

若登高必自卑，若涉远必自迩。
三思而行，再思可矣。

【白话】 如果想要登到高处，必须先从低处开始；如果想要到达远方，必须从近处起步。考虑多次才行动，其实考虑两次就可以了。

⇒若登高必自卑，若涉远必自迩。

【解读】《中庸》中言："君子之道，辟如行远，必自迩；辟如登高，必自卑。"我们做事不要好高骛远，急于求成，如果总想着一蹴而就，一口吃个胖子，到头来可能一事无成。即便是暂时有所得，因为根基打得不牢靠，也不能长久。脚踏实地，一步一个脚印，厚积薄发，才是正道。

《论语》中载："季文子三思而后行。子闻之，曰：'再，斯可矣。'"季文子办事，要反复考虑多次后才行动。孔子听到后说："考虑两次就可以了。"在做事之前，先进行详细的考察和思虑是应该的，充分考虑各种可能发生的情况。但是思虑过多就会陷入瞻前顾后、犹豫不决的状态，不但会错失时机，且当断不断，事情就越发地烦扰纷乱起来。

【相关名言】 1.不积跬步，无以至千里；不积小流，无以成江海。（荀子《劝学》）2.合抱之木，生于毫末；九层之台，起于累土；千里之行，始于足下。（老子《道德经》）

【原文】　**使口不如亲为，求人不如求己。**
　　　　　小时是兄弟，长大各乡里。

【白话】　动嘴费舌指使别人做事不如亲力亲为，求别人帮助不如依靠自己的努力。小时候是亲密的兄弟，长大后各自忙于乡里，往来渐疏。

【解读】　俗话说，谁有也不如自己有，谁会也不如自己会，靠谁也不如靠自己。我们有求于人的时候，能否得到帮助、能得到多大的帮助都存在不确定性，如果求了别人却没有得到帮助，心中难免产生怨恨，因为求人、借钱被拒绝而伤了关系的情况随处可见。然而如果万事都靠自己，人是无法生存的，遑论开展事业。我们不可能因为要吃，自己就去种地；要穿，自己就去纺织；要出行，自己就去造车。且不说我们的吃穿住用行都要靠各行业的人们提供服务，试问有哪一个人不需要一点儿他人的帮助，完全靠自己取得成功？有哪一个企业不在产业链中，不需要原料、渠道、人力、设备等多方面的支持？一个好汉三个帮，只靠自己、想以完全的单打独斗来赢得生活是不现实的。主干与核心靠自己，同时欢迎各方的帮助，以开阔的胸怀、开明的态度、坚韧的努力自强来面对人生和事业才是好的。

【相关名言】1.人的命运，主要掌握在自己手中。(培根) 2.只要人活着，其前途就永远取决于自己。(雅斯贝尔斯)

【原文】　　　　**妒财莫妒食，怨生莫怨死。**
　　人见白头嗔，我见白头喜。多少少年亡，不到白头死。

【白话】　一个人嫉妒他人发财尚可理解，嫉妒他人食物充足就显得心地不善。对于活着的或许可以怨恨他，如果人已经去世，就不要再怨恨了。别人看到头发变白便心生懊恼，我看到头发变白则心生欢喜。要想想世间有多少年轻人没有活到头发变白，就不幸地离开了人世。

⇒ 人见白头嗔，我见白头喜。

【解读】　前两句是强调人的心胸不要过分狭隘。看到别人比自己强，心中产生嫉妒，这是人之常情。但是如果嫉妒到希望对方饿肚子，必欲见其死而后快，这种人，居心不善，甚至险恶歹毒。中国文化有尊重死者的传统，如果不是十恶不赦，对于死者的某些过失是从轻评价，甚至避而不谈的。这种传统体现了中国文化的宽容之德。

　　"人见白头嗔，我见白头喜"几句，体现出乐观豁达的精神。我们生活中很多难解的心结，只要换一个角度、换一种眼光和态度去面对，就会不攻自破。年老头白让人叹息，但是比起那些夭折和英年早逝的人，却是幸运的。

【相关名言】1.东隅已逝,桑榆非晚。（王勃）2.不要讥笑老年,因为你也会有老年。（米南德）3.智慧是老年的精髓。（爱默生）

〔原文〕 # 墙有缝，壁有耳。

〔白话〕 墙壁上有缝隙，隔壁可能会有耳朵偷听。

〔解读〕 上面两句话意在告诫人们说话要谨慎。

〔案例〕 这里讲两个事例，都是明太祖朱元璋年间的事。

（1）朱元璋疑心较重，尽力想把社会控制得滴水不漏。他废宰相，使朝无重臣；用刑严酷，又立情报特务机构锦衣卫，在社会上遍布耳目以侦伺各种动向。据明清文人笔记记载，博士钱宰曾在早朝前信口吟了一首诗："四鼓咚咚起着衣，午门朝见尚嫌迟。何时得遂田园乐，睡到人间饭熟时。"不料隔墙有耳，被特务记录下来报告给了朱元璋。次日上朝时，朱元璋对钱宰说，你昨天的诗写得不错，只是朕何曾"嫌"你，改作"忧"字如何？钱宰吓得连忙叩头谢罪。

（2）据《明史》载，国子祭酒宋讷曾在一天因小事面有愠色，被特务窥见，画下像来给朱元璋。次日觐见，朱元璋问宋讷昨日因何生气，宋讷大惊失色，问陛下何以得知。朱元璋就将画像展示给宋讷看，宋讷连忙叩头谢罪。

← 朱元璋时朝臣受到严密监控。

〔相关名言〕 1.不要背后议论，免得被人当作谣言的制造者，因为不说话是不会伤人的，而说长道短则会招惹是非。（第·加图）2.聪明深察而近于死者，好议人者也；博辩广大危其身者，发人之恶者也。（《史记·孔子世家》）

【原文】 # 好事不出门，恶事传千里。

【白话】 好的事情不容易传扬，坏的事情却很容易传播到千里之外。

⇑ 好事不出门，恶事传千里。

【解读】 这两句是经验之谈。由于人类有好奇、爱竞争攀比等天性，所以相比于传扬他人之善，怪诞丑恶之事似乎更容易被道听途说，口口相传，幸灾乐祸的人亦不在少数。这也反映出人心庸俗阴暗的一面。《水浒传》中叙述西门庆与潘金莲背着武大郎通奸之事："那妇人自当日为始，每日踅过王婆家里来，和西门庆做一处，恩情似漆，心意如胶。自古道：'好事不出门，恶事传千里。'不到半月之间，街坊邻舍，都知得了。"

【相关名言】1.恶毒刻薄的故事在加油飞奔，每一个人都为车轮加润滑油。（乌伊达）
2.在指指点点中，黄金也会变成秽粪。（叶却加莱《大帆船》）

【原文】　　　　　　　　**贼是小人，智过君子。**

【白话】　贼是小人，但他们的心机和算计有时候胜过正人君子。

【解读】　这里的"贼"不仅指盗贼，还可扩展及所有奸邪之人。历史上曾得势的酷吏、奸臣、恶徒、奸邪之人等，大都有一些手段。他们或者善于花言巧语、阿谀逢迎上司，或者善于揣摩他人心思、利用别人，或者善于利用时势，或者深谙阳奉阴违、口蜜腹剑之术。相比于许多正直坦荡的正人君子，奸邪小人的心思细密阴险，每每让人落入其圈套。李林甫、王钦若、蔡京、秦桧、严嵩、和珅……历史上有名的奸臣，都有过人之处，甚至比正人君子显得更加精明、通人情、有头脑。

拿李林甫来说，他精于法令与财政事务，善于驾驭百官，精明务实，史载他"条理众务，增修纲纪，中外迁除，皆有恒度"。他极善玩弄权术，运用各种阴谋手段，对政敌、异己以及可能威胁到他地位的人，一定想方设法除去。他表面和善，言语动听，却在暗中设计陷害，世人称他为"肉腰刀"，说他"口有蜜，腹有剑"。他执政十九年，朝臣没有敢与之分庭抗礼者。

正人君子也应时常反省，切不可自觉身正不怕影斜，就刚直无度，甚至以讦（jié）为直，弄得上级不喜欢，同事多嫌恶，陷入孤立的境地。

← 李林甫口蜜腹剑。

【原文】 # 君子固穷，小人穷斯滥矣。

【白话】 君子在困窘时还能固守正道，小人一困窘就会胡作非为。

【解读】 这两句出自《论语》。《论语》中载，孔子周游列国时，在陈国断绝了粮食，跟从的人都饿病了，躺着不能起来。子路生气地来见孔子说："君子也有困窘没有办法的时候吗？"孔子说："君子在困窘时还能固守正道，小人一困窘就会胡作非为。"中国传统的士人多有"安贫乐道"的做人理念，从《增广贤文》所体现的思想倾向来看，除了有安贫乐道的思想倾向，还糅进了老子、庄子逍遥出世的情怀。孔子最满意的弟子颜回，用一个竹筐盛饭，用一只瓢喝水，住在简陋的巷子里。别人都忍受不了那穷困的忧愁，颜回却能照样快乐（一箪食，一瓢饮，在陋巷，人不堪其忧，回也不改其乐）。人生的幸福和快乐，固然需要物质基础，然而物质所能提供的肉体感官上的快乐不但短暂，而且使人空虚。保持精神上的充实，无愧良心，辛勤耕耘和创造，虽然辛苦，却能带给人有益而长久的快乐。

⇒ 孔子在陈绝粮，弦歌不辍。

【相关名言】1.见利不亏其义，见死不更其守。（《礼记》）2.富贵不能淫，贫贱不能移，威武不能屈。（孟子）3.品格是你在黑暗中的为人。（穆迪）

贫穷自在，富贵多忧。

〔原文〕

〔白话〕 贫穷的人自由自在，富贵的人有很多忧虑。

〔解读〕 人富贵了，有求于已的人就多了；受人瞩目，因而也容易惹人嫉恨、算计，各种是是非非也多了起来，所以富贵有富贵的忧虑和烦恼。

在中国古代，富贵与权力总是连接在一起，不沾权力的光，想要富贵，可能性不大。这样得来的富贵，随着权力阶层云谲波诡的变化而显得朝不保夕、非常脆弱。富贵了，却发现令人忧虑的事情、不得不顾及的事越来越多，故言"富贵多忧"。

〔案例〕 北齐名将斛律光为国之柱石，他治军严明，身先士卒，不营私利，多次击败他国进犯，拜左丞相、咸阳王，位极人臣。斛律光的一个女儿是皇后，一个女儿是太子妃，子弟皆封侯为将，还娶了三位公主，门第显赫，斛律光却常为此担忧，怕惹来祸患。他治家很严，生活节俭，处处谨慎小心。然而斛律光为人正直，与北齐后主高纬宠臣祖珽、穆提婆不和，他的功高势大也引起了昏庸的高纬的猜忌，最终被谋害，时年 58 岁，家族被满门抄斩。斛律光的弟弟斛律羡时常为一家权势太大而惧怕，曾经上表请求解除自己的职务，后主不许。临刑时，斛律羡叹息说："如此富贵，女儿是皇后，满家是公主，日常使用三百名士兵，怎能不败！"

←斛律光看到家族富贵已极而生忧虑。

【原文】 **不以我为德，反以我为仇。**

【白话】 不把我当作恩人，反而把我当作仇人。

【解读】 这两句意在谴责忘恩负义之人。《诗经·邶风·谷风》述写被丈夫抛弃的妻子心中的怨愤，她回忆夫妻二人往日同甘共苦的情形以及自己对家庭的倾心付出，发出了"不我能慉，反以我为仇"（你不对我好也就罢了，不该把我当仇家）的慨叹。

【案例】 明代马中锡《东田文集·中山狼传》载，晋国大夫赵简子在山中打猎时射中一只狼。狼在逃跑的路上遇到去中山谋职的东郭先生。狼哀求东郭先生把它藏在装书的袋子里，以躲避赵简子的追捕，并说定会竭力报恩。东郭先生动了恻隐之心，救了它。危险过去以后，狼反而要吃东郭先生。这中山狼便是"不以我为德，反以我为仇"的典型。后人常以"中山狼"指代忘恩负义之人。《红楼梦》中贾宝玉的堂姐贾迎春，她的丈夫孙绍祖曾经受惠于贾家，却恩将仇报，把迎春虐待致死。所以《红楼梦》中将孙绍祖比作"中山狼"。

⇧ 东郭先生与忘恩负义之狼。

【原文】 # 宁向直中取，不可曲中求。

【白话】 宁愿用正直的方式去争取，不向歪门邪道去谋求。

【解读】 中国古代的士人，十分讲究高尚的德行与节操，即便求富贵，也要名正言顺，从正途努力。如果是通过歪门邪道、不能见光的手段，即便获得，也会被人瞧不起。

【案例】（1）唐中宗时，安乐公主、长宁公主、上官婕妤等人，大肆收受贿赂，为行贿者请托授官。即便是屠夫酒肆之徒，只要行贿三十万钱，就能够得到由皇帝的亲笔敕书任命的官位。唐中宗心怯，自己觉得难为情，因此他装诏敕的封袋不好意思照常式封发，而改用斜封。所书"敕"字，也不好意思用朱笔，而改用墨笔。当时称为"墨敕斜封"。此即表示此项命令未经中书、门下两省，而要请下行机关马虎承认之意。当时唐中宗私下所封之官，时人称之为"斜封官"，为一般人所看不起。

（2）《封神演义》第二十三回中，一位樵夫笑话姜子牙以直钩钓鱼，姜子牙回答说："老夫在此，名虽垂钓，我自意不在鱼。吾在此不过守青云而得路，拨尘翳而腾霄。岂可曲中而取鱼乎？非丈夫之所为也。吾宁在直中取，不向曲中求；不为锦鳞设，只钓王与侯。"

⇐ 周文王遇姜子牙。

【相关名言】1.表里如一，恪守本分，无欺无诈，正人君子为人处世应该这样。(奥斯丁《爱玛》) 2.正直者顺道而行，顺理而言，公平无私，不为安肆志，不为危易行。(《韩诗外传》)

【原文】

人无远虑，必有近忧。

【白话】　人如果没有对未来情况的考虑和提前的规划、考量，就一定会有眼前的忧虑。

【解读】　通常来讲，一个人如果没有对未来情况的考虑和提前的规划、考量，会时常因为缺乏准备，在当下也出现种种措手不及、进退失据的情况。未雨绸缪、居安思危、防患于未然是良好的习惯，让我们不至于陷入茫然无措的被动。

《荀子·大略》中言："受天命而拥有天下土地的人，在事情发生之前就要考虑到那事情，在祸患到来之前就要考虑到祸患。在事情发生之前就考虑到那事情叫作敏捷，能够敏捷，那么事情就会圆满成功；在祸患来到之前就考虑到祸患叫作预先准备，能够预先准备，那么灾祸就不会发生。事情发生以后才加以考虑的叫作落后，落后了，那么事情就办不成；祸患来了以后才加以考虑的叫作困厄，困厄了，就无法抵御祸患。"（配天而有下土者……）

【案例】《三国演义》第六十一回中叙述，曹操起军四十万来伐吴，大将吕蒙进言说："曹操兵来，可于濡须水口筑坞以拒之。"诸将都说："上岸击贼，跣足入船，何用筑城？"吕蒙说："兵有利钝，战无必胜。如猝然遇敌，步骑相促，人尚不暇及水，何能入船乎？"孙权说："人无远虑，必有近忧。子明之见甚远。"便差军数万筑濡须坞。后来魏、吴在濡须一带的较量中，濡须坞发挥了重要作用。

〔原文〕 **知我者谓我心忧，不知我者谓我何求。**

〔白话〕 理解我的人，说我心中充满忧愁；不理解我的人，问我有什么企求。

〔解读〕 这两句话出自《诗经·王风·黍离》一诗。一位士人重返故国，看到昔日的宫殿宗庙已湮（yān）灭于广茂的黍稷之中，心中生出无限的感慨和悲凉，故咏此诗。后人常以"知我者谓我心忧，不知我者谓我何求"抒发不被人理解的苦闷。

黍　离

　　彼黍离离，彼稷之苗。行迈靡靡，中心摇摇。知我者谓我心忧，不知我者谓我何求。悠悠苍天，此何人哉！

　　彼黍离离，彼稷之穗。行迈靡靡，中心如醉。知我者谓我心忧，不知我者谓我何求。悠悠苍天，此何人哉！

　　彼黍离离，彼稷之实。行迈靡靡，中心如噎。知我者谓我心忧，不知我者谓我何求。悠悠苍天，此何人哉！

⇑《黍离》情景："知我者谓我心忧，不知我者谓我何求。"

晴天不肯去，直待雨淋头。

【原文】

【白话】 天气晴好的时候不肯去，非要等到大雨淋头才感到后悔。

【解读】 这两句是说人在条件便利的时候，因为懒惰、拖沓、不重视等因素，没有及时地去做该做的事，等到环境、条件、情势变得不利时才追悔莫及。

【案例】 我们在生活中经常能看到类似的情况，包括我们自己在内。在历史上，悔不当初的案例也很多，《史记·伍子胥列传》中就有两例。

（1）吴王夫差屡次不听伍子胥的劝告，没有趁越王勾践处于败势之时将越国灭掉，让越王勾践有卧薪尝胆、积蓄力量复仇的时间和可能，最后反被越国军队包围在姑苏山上。越王勾践并没有像夫差一样留下隐患，而是就势灭了吴国。吴王夫差自杀前遮住自己的面孔说："我没脸面见到子胥！"

（2）范蠡和文种二人都为越国击败吴国、复兴强盛立下了汗马功劳，但是范蠡知人善察，他认为勾践的为人，可与之同患难，难与之同安乐，便写信辞别勾践，打点了细软，与随从从海上乘船离去，始终未再返回越国。范蠡写信给文种说："飞鸟尽，良弓藏；狡兔死，走狗烹。越王是长颈鸟嘴，只可以与之共患难，不可以与之共享乐，你为何不离去？"文种看过信后并未离开越国，后来果然被勾践赐死。

⇨ 文种因无先见之明而遭祸。

【原文】

成事莫说，覆水难收。

【白话】 已成定局的事，就不要再纠结、议论了；泼出去的水，是难以收回来的。

【解读】《论语》中载孔子语："成事不说，遂事不谏，既往不咎。"（已经过去的事不用解释了，已经完成的事不要再劝谏了，已过去的事也不要再追究了。）已成定局的事情，即便后悔、纠结不休也于事无补。人生难免有各种失误，我们要有豁达的胸怀，学会放下包袱，抛却懊悔，向前看，朝前走。

【案例】 有一个"破甑（zèng）不顾"的成语，说的是东汉名士郭泰与孟敏的一段往事：孟敏曾客居太原，一次，他捧着的甑掉在地上，但孟敏看都不看就走了。郭泰看到了问他这是什么意思，孟敏回答说："瓦罐已经碎了，再看它有什么用？"郭泰因此觉得他不一般。

⇑ 破甑不顾。

【相关名言】1.在不幸之后，后悔是无用的。（伊索）2.绝不要后悔，绝不要责怪，这就是睿智的第一步。（狄德罗）

〔原文〕 **是非只为多开口，烦恼皆因强出头。**

〔白话〕 招惹是非每每是因为言多语失，烦恼每每是因为争强好胜。

〔解读〕 言多语失，话说多了就会增加很多是是非非，不如少说些话，多些沉稳和实干。我们翻看历史时会发现，成大事的人，很多都有沉稳少言的评价。

不轻易议论他人是个很好的习惯。《史记》中记载孔子曾问礼于老子，临别时，老子将"聪明深察而近于死者，好议人者也；博辩广大危其身者，发人之恶者也"作为对孔子的赠言。意思是说，聪慧明白洞察一切反而濒临死亡，是因为喜好议论他人。博洽善辩、宽广宏大反而危及其身，是因为揭发别人丑恶。

争强好胜是我们为人处世中应注意的问题。有进取心是好事，但如果不知谦恭退让，凡事都要争个高低短长，甚至发展到好勇斗狠的地步，不但会为人所厌恶，导致人际关系险恶，更有可能直接引来灾祸。

〔案例〕 北宋名臣寇准有才干，宋太宗、宋真宗都很重视他，但寇准刚直多谏，屡犯龙颜。他曾因人事任用问题与宋太宗争辩不休，皇帝说："在殿廷辩论，有失执政大臣的体面。"寇准还是争辩不止，皇帝非常不高兴，叹息说："鼠雀尚且懂人意，何况人呢？"于是罢其宰相职，任命寇准为邓州知州。

⇒ 寇准争辩。

[原文] # 忍得一时之气，免得百日之忧。

[白话] 忍下一时的怒气，可以避免百日的忧患。

[解读] 人生中的很多灾祸都是因为难忍一时之气、急躁冲动造成的。比如行车途中因为斗气而发生车祸，比如排队过程中因为次序问题大打出手，比如由于睚眦必报而惹下祸端……实际上，很多当时让人觉得怒不可遏的事情，如果能暂时搁置、忍耐，过几天再回头看，也许不值一提。但在怒气当胸时，甚至到了你死我活的地步。人类并不是完全理智的生物，人性中存在着狭隘、偏激、虚荣、自以为是等种种特点，所以我们需要通过自省，通过加强自身的修养来完善我们的品行。其实际意义，在于能让我们避免许多麻烦和灾祸。据说德国军队从前有一条军纪，明文规定遇到有不满的事情，绝对不准当场发作，定得忍过一晚上，待心情平静下来之后，再提出讨论。

[案例] 据《旧唐书·孝友传》载，郓州寿张人张公艺九代同居。唐高宗封禅泰山时，路过郓州，亲自到他家中，问他是如何做到让亲族和睦的。张公艺让人拿来纸笔，写了一百多个"忍"字。高宗非常感动，赐以缣帛。

↑ 张公艺写"忍"。

【原文】 **近来学得乌龟法，得缩头时且缩头。**
惧法朝朝乐，欺公日日忧。

【白话】 近来学到乌龟的方法，需要缩头时便缩头。对法律保持敬畏，每天都安乐无忧；要是欺骗、触犯公法，时时都提心吊胆。

⇒近来学得乌龟法，得缩头时且缩头。

【解读】 前两句意在劝人学会退避，是处世的经验之谈。虽然有人可能认为这是犬儒哲学，但是"枪打出头鸟"，"烦恼皆因强出头"，多一事不如少一事。不少情况下，"明哲保身"也是不错的选择，甚至是度过乱世、避免奸邪之人迫害的最佳方法。留得青山在，不愁没柴烧。不争一时胜负，历史自有公论。如果像鲁迅先生所写，硬碰硬地坚持，造成"坚卓者无不灭亡"的惨剧，是民族与社会的重大损失。

【案例】《世说新语·雅量》记载了这样一则小故事：太尉王衍的女婿裴遐在周馥家做客，周馥以主人身份宴请大家。裴遐和别人下围棋，周馥的司马负责劝酒。裴遐当时正在下棋，没有及时喝酒，司马很生气，便把他拽倒在地上。裴遐爬起来回到座位上，举动如常，脸色不变，照样下棋。后来王衍问他："当时怎么能做到面不改色呢？"他回答说："只不过是默默忍受罢了！"

〔原文〕

人生一世，草木一春。
黑发不知勤学早，转眼便是白头翁。
月过十五光明少，人到中年万事休。

〔白话〕 人活一世就好像草木生长过一个春天般短暂。人在年轻时不懂得要早起勤学，转眼间已变成白发老翁。月亮过了十五日后，光明就会越来越少，人到了中年还一事无成，也就很难再有什么大的作为了！

〔解读〕 感叹人生短暂、劝诫珍惜光阴的名句很多，比如"人生天地之间，若白驹之过隙，忽然而已"(《庄子》)，"少壮不努力，老大徒伤悲"(《长歌行》)。现代科学研究表明，人的记忆力在 13 岁以前是快速上升发展的；13 岁以后，缓慢发展到 25 岁时达到最高峰；35 岁以后开始呈下降趋势。学习各种经典都要有记诵的功夫，这种记诵的功夫，如果在儿时打下基础，记忆牢靠，一生受益。民国时期学贯中西的大师们，绝大多数都有儿时入私塾记诵传统经典的基础。因为人类的优秀文化积累是相通的，所以良好地吸收传统文化精华，有助于一个人以后更好地吸收世界的优秀文化。儿时记诵的童子功基础一旦打下，是过了这段黄金时段再学的人难以企及的。

孔子曾说："后生可畏，焉知来者之不如今也？四十、五十而无闻焉，斯亦不足畏也已。"

〔原文〕 **儿孙自有儿孙福，莫为儿孙作马牛。**
人生不满百，常怀千岁忧。

〔白话〕 儿孙自有他们自己的幸福，做长辈的不必为儿孙当牛做马、过度操心。人的一生难活到百岁，常常怀着千岁的忧虑。

〔解读〕《红楼梦》中的"好了歌"唱道："世人都晓神仙好，只有儿孙忘不了！痴心父母古来多，孝顺儿孙谁见了？"这是消极出世的思想。只要是为人父母，对于子女便有天然的疼爱，骨肉之亲、血肉之情，怎么可能说放下就放下呢？然而我们也需注意到古人所说的"慈母有败子""偏怜之子不保业"的情况，过分的宠溺，事事大包大揽，对于孩子自强自立、自尊自信方面的发展没有好处。所以应该采取严格教育，又让孩子有自立自强之空间的教育方法。

《古诗十九首·生年不满百》云："生年不满百，常怀千岁忧。昼短苦夜长，何不秉烛游？"感慨人生苦短，劝人通达世事，珍惜生而为人的快乐。每个人的人生中都会有各自的痛苦、困难与忧愁，承受过痛苦、困难与忧愁，将会得到报偿。

⇑ 生年不满百，常怀千岁忧。昼短苦夜长，何不秉烛游？

〔相关名言〕1.人在喜笑中，心也忧愁。快乐至极，就生愁苦。(《圣经》)2.受过痛苦，才能得到报酬。(赫尔岑)3.苦难是人生的老师。(巴尔扎克)

〔原文〕
今朝有酒今朝醉，明日愁来明日忧。
药能医假病，酒不解真愁。

〔白话〕 今天有酒就今天醉，明天的忧愁，就放到明天再说吧。药可以医好人们假装的病，酒却不能解除人真正的忧愁。

← 今朝有酒今朝醉，明日愁来明日忧。

〔解读〕 以酒解愁，以酒浇胸中块垒，以酒平复人生的失意、创伤，在中国古代文人中是很常见的。中国历史上的诗人，常与酒为伴，在古代诗词中，"酒"字出现的频率很高。唐人罗隐《自遣》诗云："得即高歌失即休，多愁多恨亦悠悠。今朝有酒今朝醉，明日愁来明日愁。"这种看似洒脱的表示，其实还是有所依凭，凭借着酒的麻醉和兴奋能力，得到暂时的开怀与解脱。现在科学研究表明，酒是兴奋剂亦是抑制剂，在短暂的兴奋和快感过后，会使人的情绪陷入抑郁之中。李白诗里写的"抽刀断水水更流，举杯消愁愁更愁"，不只是际遇所致，更有生理因素。《庄子·逍遥游》中说："夫列子御风而行，泠然善也，旬有五日而后反。彼于致福者，未数数然也。此虽免乎行，犹有所待者也。"（列子乘风而行，样子轻妙极了，过了十五天才回来。他对于求福的事，并没有汲汲去追求。这样虽然可以免于步行，但还是有所依赖。）庄子认为有所依赖就不算逍遥。

面对人生的种种艰难逆境，能够乐观地面对，坚韧地努力，以高尚的信念、品行和深厚的自身修养作为依托，才能不为忧愁所困，化逆为顺，转否为泰。

〔原文〕 **路逢险处难回避，事到头来不自由。**

〔白话〕 走路走到危险的地方，就难以回避了；已经事到临头，便不再进退自由。

〔解读〕 做人做事要以正当和安全为上，要有远见，要留有余地，有什么比人的生命和平安更可贵的呢？如果因为贪图眼前利益而招致危险，因为不走正道而失去自由，因为缺乏远见而陷入困境，那时再后悔又有什么用呢？

〔案例〕（1）在秦朝担任丞相的李斯，于始皇帝死后，屈从赵高阴谋，矫诏逼迫秦始皇长子扶苏自杀，立胡亥为帝。他为了讨好秦二世胡亥，建议行"督责之术"，残酷压制臣民，但后来亦被赵高诬为谋反，被判处五刑，在咸阳街市上腰斩。李斯临刑时，回头对次子说："我想和你再牵着黄狗一同出上蔡东门去打猎追逐狡兔，又怎能办得到呢！"父子二人相对痛哭，三族的人都被处死了。

（2）权倾朝野的唐代奸相李林甫，蔽塞言路，打击异己，制造了许多冤假错案，如李通之案、韦坚案、杨慎矜案，使难以计数的大臣贵戚倒在了血泊之中，也使自己站到了深渊的边缘。他的儿子李岫有一次手指着役夫说，一旦大祸临头，恐连此也不能得。李林甫无奈地回答说，形势已至此，又有什么办法。后来杨国忠、安禄山等联手扳倒李林甫，李林甫郁郁病死。死后被抄家，亲属遭到流放。

⇒ 李斯被灭族。

[原文]　# 人平不语，水平不流。

[白话]　人得其平就不言语，水得其平就不流动。

[解读]　韩愈在《送孟东野序》中写道："大凡物不得其平则鸣。草木之无声，风挠之鸣。水之无声，风荡之鸣……人之于言也亦然。有不得已者而后言，其歌也有思，其哭也有怀。凡出乎口而为声者，其皆有弗平者乎！"韩愈认为，人在言论上有了不可抑制的感情，然后才表达出来，他们歌唱是有了思念的感情，他们痛哭是有所怀念。凡是从口中发出来成为声音的，大概都是有不平的原因。

　　水在没有势位之差的时候就不流动，经济与财货也是如此。司马迁《史记·货殖列传》中说："人各任其能，竭其力，以得所欲。故物贱之征贵，贵之征贱，各劝其业，乐其事，若水之趋下，日夜无休时，不召而自来，不求而民出之。岂非道之所符，而自然之验邪？"（人们各自尽其能、竭其力，以期得到自己所欲求的。货物价格很贱了，就会上升；货物价格很贵了，就会下降。人们各自勤于本业，专心从事自己的工作，如同水向低处流，日日夜夜无休止，不待召唤而各就其位，物产不须征求，百姓自己就生产出来。这难道不是合乎自然规律的明证吗？）早在春秋时代，中国人就懂得"财币欲其行如流水"的道理。

⇑ 韩愈作《送孟东野序》言："大凡物不得其平则鸣。"

〔原文〕

一家养女百家求，一马不行百马忧。
有花方酌酒，无月不登楼。

〔白话〕 一家养了女儿，百家都来求婚。一匹马不走了，会导致成群的马都踟蹰不前。有花观赏才值得饮酒，无月观赏便不登高楼。

⇒ 有花方酌酒，无月不登楼。

〔解读〕 前两句一句说生养女儿不愁嫁，一句说个人的行动会影响集体。古人言："满堂而饮酒，有一人向隅而悲泣，则一堂皆为之不乐。"在不少情况下，一个人的言行是足以影响整个集体的。我们为人处世，应着眼于大局，不要太过自私自利。如果因为自己的个人原因而使整个集体受到不良影响和损害，不但不合于中国人传统的道义观，也会让自己的声誉、人际、事业等方面受到极大的毁败。

中国古人的饮酒绝非酗酒，而是用其增添一点生活的情趣，所以有"花看半开，酒饮微醺"之说，鲸吸海饮、狂喝烂醉是被鄙视的。古人视良辰、美景、赏心、乐事为人生"四美"，逢遇"四美"之时才酌酒助兴，千万不要认为古人日日泡在酒里。古代粮食产量有限，酿酒对粮食消耗很大，且饮酒被视为乱性败德的主因之一，因此历史上屡屡有禁酒令的颁布。比如曹操就曾经颁布过禁酒令，名士孔融（就是"孔融让梨"的孔融）被曹操处决，其反对和违犯禁酒令就是原因之一。所以"有花方酌酒，无月不登楼"的重点在"方"和"不"。

【原文】 **深山毕竟藏猛虎，大海终须纳细流。**

【白话】 深山里才潜藏着凶猛的老虎，收纳了众多细流才成就了海的广大。

【解读】《史记·货殖列传》中言："渊深而鱼生之，山深而兽往之，人富而仁义附焉。"（水深了，鱼类自然会聚集；山深了，兽类自然会奔去；人富了，仁义自然归附。）《史记·李斯列传》中言："是以太山不让土壤，故能成其大；河海不择细流，故能就其深；王者不却众庶，故能明其德。"

即便是杰出人物，他才能的施展也需要空间。韩信在投奔刘邦之前，先投的是项羽帐下，然而项羽只让他做了个执戟的郎中。韩信后投刘邦帐下被拜为大将，建立了不世的功勋。可以说，刘邦的天下大部分是韩信打下来的。刘邦得天下后，曾在宴饮时问臣属："吾所以有天下者何？项氏之所以失天下者何？"高起、王陵回答说："陛下慢而侮人，项羽仁而爱人。然陛下使人攻城略地，所降下者因以予之，与天下同利也。项羽妒贤嫉能，有功者害之，贤者疑之，战胜而不予人功，得地而不予人利，此所以失天下也。"刘邦说："公知其一，未知其二。夫运筹策帷帐之中，决胜于千里之外，吾不如子房。镇国家，抚百姓，给馈饷，不绝粮道，吾不如萧何。连百万之军，战必胜，攻必取，吾不如韩信。此三者，皆人杰也，吾能用之，此吾所以取天下也。项羽有一范增而不能用，此其所以为我擒也。"由此可见，有海纳百川的胸怀，能够知人善任、从善如流，对于一位决策者有多么重要。

← 大海终须纳细流。

〔原文〕

惜花须检点，爱月不梳头。
大抵选他肌骨好，不傅红粉也风流。

〔白话〕 爱惜花儿，就要约束自己的行为；欣赏风月，但不要堕入淫邪。大概是上天和父母将她生得肌骨美好，不用涂脂抹粉也姿态动人。

〔解读〕 前两句是在劝诫男性要端正对男女之事的态度。孔子说："饮食男女，人之大欲存焉。"虽然我们承认饮食男女是人的基本需求，但是万事有度，暴饮暴食、荒淫无度都是伤身害命的，因为好色而亡国的君王，因为好色而身败名裂的英才难道还少吗？旧时妓院中处女只梳辫，接客后梳髻，称"梳拢"。这里的"梳头"，指妓女第一次接客伴宿。"爱月不梳头"是在告诫人们，即便爱好美色也不要去做淫邪之事。

"大抵选他肌骨好，不傅红粉也风流"是夸赞人天生丽质。可援引唐诗《集灵台》作为辅读：虢国夫人承主恩，平明骑马入宫门。却嫌脂粉污颜色，淡扫蛾眉朝至尊。（虢国夫人承受主上恩泽，大清早就骑马进宫。因嫌脂粉玷污她的美貌，只轻扫蛾眉就来朝见君王。）

↑ 虢国夫人承主恩，平明骑马入宫门。却嫌脂粉污颜色，淡扫蛾眉朝至尊。

〔原文〕

受恩深处宜先退，得意浓时便可休。
莫待是非来入耳，从前恩爱反成仇。

〔白话〕 受到恩宠深厚的时候，要懂得辞谢后退；最为得意之时，要记得适可而止。不要等到是非、麻烦找上门来（才知道放手），从前的恩宠反而变成了仇怨。

〔案例〕 "汉初三杰"的故事最可说明这四句话：

（1）韩信在项羽帐下不得志，投奔刘邦，为刘邦夺得天下立下了汗马功劳，被封为齐王，后又改封楚王。韩信帐下的谋士蒯通曾劝韩信说："臣闻勇略震主者身危，而功盖天下者不赏。今足下戴震主之威，挟不赏之功……势在人臣之位而有震主之威，名高天下，窃为足下危之。"蒯通认为韩信身处臣子地位而有震主之威，功盖天下，所以认为韩信的处境很危险。汉六年（前201），有人上书告发韩信谋反。汉高祖刘邦采纳陈平的计谋将韩信拘押，韩信说："果真像人们说的'狡兔死，良狗烹；高鸟尽，良弓藏；敌国破，谋臣亡'。现在天下已经平安，我应当遭烹杀！"高祖说："有人告发你谋反。"高祖后来赦免了韩信的罪过，改封为淮阴侯。韩信知道高祖畏忌自己的才能，常常托病不参加朝见和侍行，他心怀怨恨却又希望被重用，最后因为谋反而被诛杀。

（2）西汉开国功臣萧何，在刘邦平定天下后论功行赏的时候，被评

↑↑ 刘邦建立汉朝后，萧何曾为民请命，刘邦拘捕了他，其中的实际原因是疑忌他获得了民心。

为功劳第一，高祖特恩许他带剑穿鞋上殿。萧何父子兄弟十多人都封有食邑，又加封萧何两千户。汉十一年（前196），拜萧何为相国，加封五千户，并令500名士卒做他的卫队。许多人都来祝贺，唯独秦朝东陵侯召平表示哀悼。召平对相国萧何说："祸患从此开始了。皇上风吹日晒地统军在外，而您留守朝中，没有战事之险，皇上反而增加您的封邑并给您设置卫队，这是因为淮阴侯刚刚在京城谋反，皇上对您的忠心也有所怀疑。希望您辞让封赏不受，把家产、资财全都捐助军队，那么皇上心里就会高兴。"萧何听从了召平的计谋，高祖果然很高兴。

汉十二年（前195）的秋天，黥布反叛，高祖亲自率军征讨，多次派人来询问萧相国在做什么。萧相国因为皇上在军中，就在后方安抚勉励百姓，把自己的家财全都捐助军队。有一个门客劝告萧相国说："您灭族的日子不远了。您位居相国，功劳数第一，还能够再加功吗？您当初进入关中就深得民心，至今十多年了，民众都亲附您，您还是那么勤勉地做事，受到百姓爱戴。皇上之所以屡次询问您的情况，是害怕您动摇关中。现在您为什么不多买农田，压低价格，不给现钱，来玷污自己的名声呢？这样，皇帝才会放心。"萧何听从了他的计谋，高祖非常高兴。

（3）张良在刘邦平定天下的过程中出谋划策，功勋卓著，然而在刘邦政权巩固以后，采取了功成身退的做法，保有富贵而善终。

〔原文〕　留得五湖明月在，不愁无处下金钩。

〔白话〕　只要五湖上的明月还在，就不愁没有地方下钩钓鱼。

〔解读〕　这两句与"留得青山在，不怕没柴烧"同意，意指在逆境、挫折、危险中要懂得保存生命、实力。胜败乃兵家常事，在失败和身处险境时，不必在意一时的名节尊严，生命是最重要的。保住性命，就保留了希望和机会。因逞一时之强、太过在乎名节尊严而丧失了生命，是一个很值得考量的问题。像曹操、曾国藩都是善于用兵打仗的军事家，都不止一次地遭遇惨败，之所以能东山再起，便是因为懂得上面这两句话。

〔案例〕　历史上通过屈身忍辱而保存生命和实力，最终获胜的例子很多，如越王勾践之事、公子重耳之事。越王勾践被吴王夫差的军队围困在会稽山。他派大夫种去向吴求和，哀求说："勾践请您允许他做您的奴仆，允许他的妻子做您的侍妾。"吴王将要答应，但被伍子胥劝阻。种回越后将情况告诉了勾践。勾践想杀死妻子儿女，焚烧宝器，亲赴疆场决一死战。大夫种阻止了勾践，通过贿赂吴王的宠臣太宰嚭而得到吴王宽恕。勾践从此卧薪尝胆、励精图治，后来灭亡了吴国，成就了霸业。公子重耳在骊姬之乱时险遭杀害，但他懂得保存自身，逃离晋国，在外流亡十九年，后来在秦穆公的支持下回国即君位，就是晋文公。

⇑ 越王勾践卧薪尝胆。

【原文】 # 休别有鱼处，莫恋浅滩头。

【白话】 不要轻易离开有鱼的地方，不要留恋水浅无鱼的滩头。

⇒ 休别有鱼处，莫恋浅滩头。

【解读】 这两句是劝人珍惜时机和有利条件，不要停滞在缺少资源和发展前景的环境中。这里说一个事例：东汉末年的田畴，年轻有奇才，隐居在山野。袁绍几次派遣使者招请田畴，想授予他将军印，田畴都拒绝了。袁绍死后，他的儿子袁尚又来征召，田畴始终未去。后来曹操派使者来征召田畴，田畴要他的部属赶快为他置办行装，部属说："以前，袁绍仰慕您的名声，曾五次礼聘，您一直拒绝；如今，曹操的使者一来，您就好像迫不及待，这是什么原因？"田畴笑着说："这就不是你们所能知道的了。"史载，袁绍爱猜忌，刚愎自用，色厉内荏，缺少威信，临事犹豫不决；曹操胸襟开阔，知人善任，识拔奇才，不拘微贱。当时的不少名士都看出，在个人的能力、德行、胸怀、智慧等方面，袁绍都不如曹操，所以很多第一流的人才是向曹操阵营流动的。田畴便是其中之一。田畴后来在曹操征乌桓的战事中立了大功。

【相关名言】1.人不能创造时机，但是他可以抓住那些已经出现的时机。(雪莱)
2.不要坐失良机，当时机将有发的头伸出而无人去抓时，很快她便会伸出一个秃头来。(莎士比亚)

去时终须去，再三留不住。

〔原文〕

〔白话〕 要离去、失去的东西，终究会离去、失去，再三挽留也留不住。

〔解读〕 南宋女词人严蕊《卜算子》词中云："去也终须去。住也如何住。若得山花插满头，莫问奴归处。"表达了一种想要摆脱俗世，去到质朴自由之所在的向往之情。

人世间有些东西的离去、失去是不以人的意志为转移的，无论你拥有多高的地位、多大的财富，还是留不住、挡不住，比如人的青春，比如生命的衰老和走向终结。王国维《蝶恋花》词云："最是人间留不住，朱颜辞镜花辞树。"以唐代帝王为例，唐代帝王为求保持青春活力，为求长生，痴迷丹药者较多，有记载因服用丹药损害寿命的就有太宗、宪宗、穆宗、武宗、宣宗。皇帝富有四海、君临天下，但也无法留住青春，阻挡生命的流逝。"去时终须去，再三留不住"是在劝人理智地面对现实，能看开，能舍得，能放下。不执念于一定要如何如何，而是顺应事理，顺应自然的规律。至少从养生学的角度看，这样的心态是有益于人的心情和健康的。

⇑ 严蕊《卜算子》词云："去也终须去。住也如何住。若得山花插满头，莫问奴归处。"

〔原文〕 **忍一句，息一怒；饶一着**（zhāo）**，退一步。**
三十不豪，四十不富，五十将近寻死路。

〔白话〕忍住少说一句话，平息一时的愤怒；让别人一着，待人处事懂得退让一步。三十岁时没有豪情壮志，四十岁时不能致富，到五十岁的时候就进入衰老，走向死亡了。

〔解读〕前四句劝人戒怒用忍、宽恕让人，后三句劝人尽早努力。虽说大器晚成，人只要下决心，什么时候都不晚，但从精力、身体状况、心气等方面而言，人还是要抓紧在年富力强的时候努力奋斗。青春、壮年之时苟且疲沓度日，等到血气衰弱的老年再想去拼搏努力，会力不从心，损伤身体。该是什么年龄段要做的事，就应时、尽力地去做。等到老年之时，才可以不负此生，从容无悔地安度晚年。

〔案例〕（1）据清末姚永朴《旧闻随笔》载，康熙年间，官至文华殿大学士兼礼部尚书的张英（名臣张廷玉之父），在京师接到老家的快信，信中说，张家宅院旁有空地，邻居吴家有越界修墙之嫌。张英在信后批了一首诗云："千里修书只为墙，让他三尺又何妨。万里长城今犹在，不见当年秦始皇。"吴家听说此事后感动服膺，也退让了三尺，其地后被人称"六尺巷"。忍一时风平浪静，退一步海阔天空。道理人人懂，能不能做到要看个人的修为涵养了。

⇡ 张英作书言："千里修书只为墙，让他三尺又何妨。万里长城今犹在，不见当年秦始皇。"

⇑ 班超投笔从戎。

（2）东汉名臣班超，以其卓越的功勋著称于世，他收服了西域五十多个国家，威震西域，封定远侯，世称"班定远"。

班超早年家境贫寒，常通过受雇于官府抄写文书来维持生计、供养母亲，长时间劳苦工作。他曾经停下抄写，扔笔叹息说："我身为大丈夫，尽管没有什么突出的计谋才略，总应该学学立功于异域的傅介子和张骞，获得封侯的奖赏，怎么能长久从事笔砚的工作呢？"一起共事的人都嘲笑他。班超说："小子们怎么知道壮士的志向呢？"

孔子曾说："后生可畏，焉知来者之不如今也？四十、五十而无闻焉，斯亦不足畏也已。"（年轻人是可敬畏的，怎么知道他们将来不如现在的人呢？一个人如果到了四五十岁的时候还默默无闻，也就不足敬畏了。）人生的努力要趁年轻，趁年富力强之时。少不勤苦，老必艰辛。

119

【原文】　　　　**一寸光阴一寸金，寸金难买寸光阴。**

【白话】　一寸光阴和一寸长的黄金一样昂贵，而实际上，一寸长的黄金也无法买回已经流失的一寸光阴。

【解读】　这是妇孺皆知的两句劝人惜时的话。"寸阴"之说源于我国古代的计时器——日晷(guǐ)。我国早在汉代以前就已开始用日晷来计时，这是一种根据日影的位置，以确定时间的仪器。它的计时原理是这样的：在一天中，被太阳照射到的物体投下的影子在不断地改变着。第一是影子的长短在改变，早晨的影子最长，随着时间的推移，影子逐渐变短，正午时最短，过了正午又重新变长。第二是影子的方向在改变，因为我们在北半球，早晨的影子在西方，中午的影子在北方，傍晚的影子在东方。从原理上来说，根据影子的长度和方向都可以计时，但根据影子的方向来计时更方便一些，故通常都以影子的方位计时。由于日晷必须依赖日照，不能用于阴天和黑夜，因此，单用日晷来计时是不够的，还需要其他种类的计时器，如漏刻等与之相配。"一寸光阴"是指日影移动一寸距离的时间，形容很短的时间。

⇒ 一寸光阴一寸金，寸金难买寸光阴。

⇑ 朱熹《劝学》诗云："少年易老学难成，一寸光阴不可轻。未觉池塘春草梦，阶前梧叶已秋声。"

　　《淮南子·原道训》言："圣人不贵尺之璧而重寸之阴，时难得而易失也。"唐末诗人王贞白《白鹿洞》诗云："读书不觉已春深，一寸光阴一寸金。"朱熹《劝学》诗云："少年易老学难成，一寸光阴不可轻。未觉池塘春草梦，阶前梧叶已秋声。"

【相关名言】1.时间是一切财富中最宝贵的财富。（德奥弗拉斯多）2.在一切与生俱来的天然赠品中，时间最为宝贵。（歌德）

【原文】　**父母恩深终有别，夫妻义重也分离。**
　　　　　人生似鸟同林宿，大限来时各自飞。

【白话】　父母的恩情再深，终究有与你分别的那天，夫妻的情义再重，也有分离不见的可能。即便是亲近的人之间，也好像鸟儿在同一个林子里栖宿，当大限到来的时候，还是各自飞离。

【解读】　这几句是以一种看破世事的口吻，讲述人生中的一些现实。父母对子女的关爱再深，终究有不能再陪伴他们的一天，夫妻之间的情义再重，也不能保证不因情随事迁而分开。所以真到分离的那天，我们是在悲痛中不可自拔，还是悲痛之余，振作精神继续前进呢？

【案例】　据《汉书·朱买臣传》载，吴地人朱买臣家里贫困，喜爱读书。他不善于置办财产家业，常常割草砍柴卖了来购取粮食。他担着一捆柴，边走边高声诵读文章；他的妻子也背着柴跟随着他，多次阻止朱买臣，让他不要在路上高声歌诵，朱买臣的歌诵声却更大，妻子对此感到羞愧，要求离开他，朱买臣笑着说："我五十岁命该富贵，现在已经四十多了，你辛苦了很久了，等我富贵了，我要报答你的功劳。"妻子气愤地说："像你这样的人，最终就是饿死在沟里罢了，怎么能够富贵呢！"朱买臣没办法留住她，就听任她离开了。

　　后来朱买臣受到汉武帝的赏识，做了高官。他衣锦还乡时，他的前妻已经另嫁。她看到如此光景，终因羞愧而自杀。

⇒ 朱买臣之妻弃他而去。

人善被人欺，马善被人骑。

〔原文〕

〔白话〕 人太善良了容易受人欺负；马太驯服了便任人驾骑。

〔解读〕 善良不等于懦弱，任人欺辱；善良不等于没有原则，任人摆布。世人经常将善良与懦弱混为一谈，然而懦弱者常常没有是非之分、缺乏坚守的道义原则。也正因其没有所遵从的道义和做人原则，所以懦弱，容易受人欺辱摆布。历史上，身为柔弱女子，大义凛然、坚贞不屈者亦不鲜见，令强者尊重，何况堂堂男子！何至于因为善良就易被人欺呢？人之所以敢于欺辱，绝大多数情况下是对其人品、才能等方面轻视在先。孟子说："夫人必自侮，然后人侮之；家必自毁，而后人毁之；国必自伐，而后人伐之。"当然也不乏胸怀大志、忍辱负重之人。

〔案例〕《史记·淮阴侯列传》载，韩信早年贫困，淮阴屠户中有个年轻人欺侮韩信说："你虽然长得高大，喜欢带刀佩剑，其实只是个胆小鬼罢了。"又当众侮辱他说："你能杀死我，就拿剑刺我；如果杀不死，就从我胯下爬过去。"韩信用眼睛盯着他很久，低下身去，趴在地上，从他的两腿之间爬了过去。满街的人都笑话韩信，认为他胆小。苏轼《留侯论》中言："天下有大勇者，卒然临之而不惊，无故加之而不怒。此其所挟持者甚大，而其志甚远也。"

韩信受胯下之辱。

123

【原文】 # 人无横财不富，马无夜草不肥。

【白话】 人没有额外之财就难以致富；马不在夜里吃草就不会肥壮。

【解读】 这里说的"横财"不是不义之财，如果鼓励人通过不义之财发财致富，那本书就不能称为"贤文"了。《史记·货殖列传》中说："富者，人之情性，所不学而俱欲者也。""夫纤啬筋力，治生之正道也，而富者必用奇胜。""贫富之道，莫之夺予，而巧者有余，拙者不足。"（求富是人们的本性，用不着学习就都会去追求。精打细算、勤劳节俭，是发财致富的正路，但想要致富的人还必须出奇制胜。贫富之道，没有人能给予和剥夺，然而聪明的人能使财富有余，笨拙的人常常匮乏不足。）这里说的"横财"，是指人通过远见卓识、智慧才能而获得出人意料的财富。《史记·货殖列传》中举了不少这样的例子，在此取一例辅读。

【案例】 宣曲（地名）任氏的先祖是督道仓守吏。秦朝败亡时，豪杰全都争夺金银珠宝，唯独任氏用地窖储藏米粟。后来，楚汉两军相持于荥（xíng）阳，农民无法耕种田地，米价涨到每石一万钱，任氏卖谷发财。富人大都生活奢侈，而任氏却崇尚节俭，致力于农田畜牧。一般人都挑低价的田地、牲畜买，任氏却专门买贵而好的。任家数代都很富有，但任氏家约规定，不是通过种田畜牧得来的物品不穿不吃，公事没有做完不得饮酒吃肉，以此作为乡里表率，因此富有还受到皇帝、百姓尊重。

⇒ 任氏卖谷而致富。

〔原文〕 **人恶人怕天不怕，人善人欺天不欺。**
善恶到头终有报，只争来早与来迟。

〔白话〕 恶人让人怕，但是老天不怕他；善人有人欺，但是老天不欺他。行善作恶，终究都会得到应有的报应，只是报应来得早点或晚点罢了。

〔解读〕 善恶有报是很明白的道理。为善者不应因为眼前看不到酬劳报偿就抛却善良，如此便不是真的善良人，为恶者也不要因为报应没到而扬扬自得、侥幸自喜，坏事做多了，灾难、报应自然临头，如不信，尽可察看历史上的邪恶之人，大部分当世即报，少量侥幸早死未受现世报的，也是承受骂名，贻害子孙。

〔案例〕 这里说说东汉"跋扈将军"梁冀之事。梁冀的两个妹妹，分别是汉顺帝皇后和汉桓帝皇后，他作为国舅，又因拥立桓帝有功，权势无以复加，而他本人，是典型的恶霸兼贪官，专断朝政近二十年。在桓帝之前的汉质帝，由于比较聪慧，曾称梁冀为"跋扈将军"，梁冀不放心，便把他毒死，另立桓帝。梁冀穷奢极欲，无恶不作，抢夺民财，掠民数千为奴婢，他的财产相当于当时中央政府全年收入的一半。他拓建林苑，制同王家，方圆近千里。他爱养兔子，造"兔苑"，谁若伤害了兔苑里的兔子，就犯死罪。这么一个不可一世、人见人怕的梁冀，恶贯满盈，最终让汉桓帝也忍无可忍，与亲近宦官共谋诛灭了梁冀三族。

⇐ 梁冀被灭族。

【原文】 **黄河尚有澄清日，岂可人无得运时。**

【白话】 黄河尚有澄清的那一天，人怎会没有行好运的时候？

【解读】 此二句宽慰人不要过于悲观，总会有时来运转的时候。

【案例】 （1）邓通是蜀郡南安县人，他在宫廷中当"黄头郎"（管船小吏）。汉文帝做梦想要上天而不能，有一黄头郎推他上了天。梦醒后，汉文帝按照梦中黄头郎的模样寻人，正巧看到邓通，与梦中所看见的黄头郎一样。文帝很高兴，对邓通的崇信日益深厚。邓通老实谨慎，不爱与外人交往。文帝赏赐邓通亿万钱，官至上大夫。文帝曾派一个善于看相的人给邓通看相，相士说："可能贫穷饥饿而死。"文帝说："朕能使邓通富足，怎么说会贫穷呢？"于是把蜀郡严道的铜山赏赐给邓通，准许邓通自己铸钱。"邓氏钱"流布全国，可想其富足到何种程度。

（2）春秋时期的宁戚，怀才不遇，想要求见齐桓公，但因家贫，缺少盘缠，便为商贾赶牛车来到齐国，夜宿于齐国城门之外。当晚，恰逢齐桓公出迎宾客，夜开城门。宁戚在车下喂牛，望见桓公，心中百感交集，就敲着牛角大声歌唱。桓公听到歌声说："真是与众不同！这个唱歌的不是一般人！"就命令车载宁戚而归，并召见了宁戚。宁戚向桓公言说治理之道，得到桓公赏识，被委以重任。这就是"宁戚饭牛"的故事。

⇑ 邓通意外获宠。

得宠思辱，居安思危。

〔原文〕

〔白话〕 得到宠爱时，要想到可能会受辱；处于平安时，要想到可能会出现的危险灾难。

〔解读〕《周易·系辞》中言："危者，安其位者也；亡者，保其存者也；乱者，有其治者也。"魏徵《谏太宗十思疏》言："不念居安思危，戒奢以俭，斯亦伐根以求木茂，塞源而欲流长也。"（如果不能居安思危、戒奢从俭，就像砍伐树根以求树木茂盛，堵塞源头而要水流得远啊。）

〔案例〕 在西晋八王之乱中的一个时期，齐王司马冏迎接晋惠帝司马衷复位，担任大司马一职，独揽朝政大权。然而司马冏沉湎于宴饮嬉乐，在自己府第里坐受百官叩拜，任人唯亲，骄纵专权，政由己出。南阳隐士郑方上书劝谏司马冏说："现在您不居安思危，宴饮玩乐无度；战乱之后，百姓贫穷疲困，却不赈济救援他们；您曾与讨伐司马伦的各路举义之师盟誓约定，战争成功后各有奖赏，但现在未论功行赏。"司马冏虽然口头上感谢建议，但举措上并无多少纠正和改变，不久便遭到晋宗室其他藩王的讨伐，兵败被杀。

⇑ 唐太宗纳谏。唐太宗曾说："君依于国，国依于民。刻民以奉君，犹割肉以充腹，腹饱而身毙，君富而国亡。故人君之患，不自外来，常由身出。夫欲盛则费广，费广则赋重，赋重则民愁，民愁则国危，国危则君丧矣。朕常以此思之，故不敢纵欲也。""治安则骄侈易生，骄侈则危亡立至。"他鼓励臣下进谏，正是因为他看到隋朝灭亡的前车之鉴，所以一直秉持着居安思危的作风。

〔原文〕 **念念有如临敌日，心心常似过桥时。**

〔白话〕 思想上要保持有如临敌之日的警惕，心念上要常常持以过独木桥般的戒惧谨慎。

⇑ 念念有如临敌日，心心常似过桥时。

〔解读〕 此二句亦是在提醒人们要时刻戒惧谨慎，不可掉以轻心。苏洵在《管仲论》中言："夫功之成，非成于成之日，盖必有所由起；祸之作，不作于作之日，亦必有所由兆。"《荀子》中说："祸之所由生也，生自纤纤也。"大部分的灾祸，都不是凭空发生的，隐患就隐藏在日常生活中。历史上有很多仁人君子，就因为放松了对自己的要求，放松了对欲望的控制，放松了对恶念的警惕，最后落得身败名裂、家破人亡。

〔案例〕 唐玄宗任用奸相李林甫，自然与李林甫有独当一面的能力有关，但是更重要的原因在于，唐玄宗在长期辛劳理政之后，身心都感到很疲惫，看着"开元之治"造就的国力强盛、物阜民丰的景象，认为自己该享受人生了。他把政事都交给了宰相李林甫，从此杜绝逆耳之言，开始恣意享乐。(《旧唐书》："上在位多载，倦于万机……难徇私欲，自得林甫，一以委成。故杜绝逆耳之言，恣行宴乐，衽席无别，不以为耻，由林甫之赞成也。")任用奸臣，放纵欲望，骄矜自负，昏聩懈怠，行乐无度，不纳忠言，最终导致了安史之乱，唐王朝从此衰落。

【原文】 **英雄行险道，富贵似花枝。**

【白话】 豪杰所走的道路充满艰险，荣华富贵如同花枝一样容易凋谢，成为过眼烟云。

【解读】 凡要有大的作为，通常都要冒一定的风险，比如离开家乡到外面的世界闯荡，比如从给人打工到自己创业。唯其有英雄的胆识和能耐的人，才能承担风险，克服种种困难，开创一番事业。

【案例】《史记·陈涉世家》载，陈涉年轻时曾经和别人一起受雇耕地，他对同伴说："如果谁将来富贵了，大家不要彼此忘记呀。"同伴笑着回答说："你一个受雇耕作的人，怎么能富贵呢？"陈胜长叹一声说："唉，燕雀怎知道鸿鹄的志向呢？"秦二世元年（前209）七月，朝廷征发民众去戍守渔阳，九百人驻扎在大泽乡。陈胜、吴广都被编入戍守的队伍。当时天下大雨，道路不通。陈胜和吴广商议：误了期限是死，逃亡是死，起义也是死，天下苦秦久矣，为什么不为国事而死呢？两人主意已定，便杀死押送队伍的两名秦吏，率众起义，得到了四面八方人民广泛的响应，陈胜被拥立为王，建立张楚政权。从此，天下豪杰纷纷起事反秦。陈胜虽然没有取得最后的成功，但他的事迹惊天动地，《史记》中将他列入给王侯将相作传记的"世家"。

⇐陈胜、吴广起义。

【原文】　**人情莫道春光好，只怕秋来有冷时。**

【白话】　不要说人情像春光一样和暖美好，只怕也有像秋天到来后变得寒凉的时候。

⇒ 人情莫道春光好，只怕秋来有冷时。

【解读】　人们常有世态炎凉之叹，感叹人的境遇变化时，周围人的态度也发生变化。我们对世态炎凉不必大惊小怪，人性使然。人性趋暖避寒，也有趋炎附势的倾向，我们如何能要求他人对处于困境、危境中的人报以热情呢？我们只需要在荣耀时、顺境时保有冷静的头脑，知道人情常常靠不住，能靠得住的，还是自身的品行、才能、实力。

【案例】　司马迁在《史记·汲郑列传》中说："以汲黯、郑庄的贤德，有权势时宾客众多，无权势时情形就全然相反，他们尚且如此，更何况一般人呢！下邽（guī）县翟公曾说过，起初他做廷尉，家中宾客盈门；待到一丢官，门外便冷清得可以张罗捕雀。他复官后，宾客们又想往见，翟公就在大门上写道：'一死一生，乃知交情。一贫一富，乃知交态。一贵一贱，交情乃见。'"

【相关名言】1.只要你生活安定，你就会有许多朋友；一旦生活蒙上了阴影，你就会孤独。（奥维德）2.财富一失去，朋友不上门。（奥维德）

【原文】 # 送君千里，终须一别。

【白话】 相送你千里，终究有分别之时。

【解读】 这则贤文是送别时的常用语，表达了情谊之深和分别的无奈。也有"天下没有不散的筵席"之意。

　　古人的送别，相送出很远距离的例子不少，这是情谊深厚、隆重礼遇的表达。晋代陶侃送别鄱阳郡孝廉范逵（kuí），送出一百多里地。《三国演义》中写刘备送徐庶归曹操处，送出一程又一程。看徐庶骑马远去，刘备哭道："元直去矣！吾将奈何？"他凝泪而望，却被一树林隔断，他说："吾欲尽伐此处树木。"身边人问缘故，刘备说："因阻吾望徐元直之目也。"

【原文】 # 但将冷眼观螃蟹，看你横行到几时。

【白话】 且用冷静的态度来看螃蟹，看它能横行到几时。

⇒但将冷眼观螃蟹，看你横行到几时。

【解读】 这则贤文意指静待横恶之人或势力受到应有的惩罚和报应。横行霸道，乃至无法无天的人和势力，在古代专制王朝是不鲜见的。当其势力正盛之时，不要与之正面冲突，且保持沉默、静静观看，有几个只手遮天、不可一世的横恶之人或势力能得善终？

【案例】 明熹宗时的司礼秉笔太监魏忠贤，备受宠信，权倾天下，被称为"九千九百岁"。魏忠贤专断国政，排除异己，陷害忠良，大兴冤狱，朝中遍布其党羽，有"五虎""五彪""十狗""十孩儿""四十孙"等；他权势熏天，无以复加，亲朋党羽无不加官晋爵，连襁褓中的侄、孙都封太子太保、少师。海内趋炎附势之人争相为其立生祠，甚至到了天下人"只知有忠贤，而不知有皇上"的地步。面对魏忠贤如此势力、如此作为，正直者大多缄默其口，明哲保身。明熹宗在位7年后去世，崇祯帝继位，将魏忠贤逐出京城，发往凤阳安置，行至中途，又下诏逮捕，魏忠贤畏罪自杀。崇祯帝诏令将魏忠贤肢解，悬头于河间府，其党羽都受到相应的清算和惩罚。

【相关名言】1.善不积，不足以成名；恶不积，不足以灭身。(《周易·系辞》)2.善恶到头终有报，只争来速与来迟。(高则诚《琵琶记》)

【原文】 **见事莫说，问事不知。闲事休管，无事早归。**

【白话】 见事莫乱说，别人问事，回答不知。不要管闲事，无事早回家。

【解读】 此四句意在劝人明哲保身，不惹是非。人生之中，许多人的矛盾、灾祸都是由多嘴、好管闲事、议论他人引起的，要想得平安，管住嘴，不议论他人，少管闲事是第一等要注意的事情。可能有人会对此发出质疑：如此为人处世，不会成了冷漠麻木、没有是非、自私自利的人吗？回答是，人虽然要有是非观念，明白大义所在，但是做任何事，都不可冲动行事。我们做任何事，都有其成本，如果为了一些琐事、闲事、小事的是非纠葛，而使自己的大事，诸如生命、事业、前途等受到伤害，本来应该对社会的大义有更大的贡献，却因为滞碍于鸡毛蒜皮、细枝末节之事而耽误，那是非常不明智的。人一生的精力是有限的，站在高处发声与沉抑下层发声有着本质的区别。即便是有是非原则的人，也尽可以放弃小节，通过努力到达为人瞩目、更能发光发热的位置。《中庸》中说："国有道，其言足以兴；国无道，其默足以容。《诗》曰：'既明且哲，以保其身。' 其此之谓与！"

【相关名言】 1.人，从人那里学会讲话，从神那里学会沉默。（普卢塔克）2.知道什么时候该说话，知道什么时候沉默，是一件大事。（塞涅卡）

133

【原文】 **假缎染就真红色，也被旁人说是非。**

【白话】 假的绸缎即便染成如真的红绸缎一样的红色，也还是会被人看出来其是假的而受非议。

【解读】 此二句言靠虚饰伪装、生拉硬抬的名不副实的人和物，最终自有公论。

【案例】 唐玄宗时期的奸相李林甫，极善于窥探君主心意、迎合君主。他厚结宫中宦官、妃嫔，对玄宗的情况和心思有充分的了解，所以进言奏对总能符合玄宗心意，因此深得赏识。

李林甫极善玩弄权术，对于异己，他表面和善，言语动听，却在暗中设计陷害，世人称他为"肉腰刀"，说他"口有蜜，腹有剑"。专用李林甫，被后人视为玄宗由英明到昏庸，大唐由盛转衰的一个分水岭。

李林甫文化水平并不高，他执掌吏部时，见选人判语中有"杕杜"二字。他不认识"杕"（dì）字，便问道："这里写的'杖杜'是什么意思？"

李林甫曾对表亲儿子出生表示庆贺，写贺信道："闻有弄獐之庆。"在旁宾客看到，掩口失笑。

李林甫引荐萧炅（jiǒng）为户部侍郎，萧炅一向不学无术，有一次在中书侍郎严挺之面前把"伏腊"读为"伏猎"，于是被调出京城。

时人称李林甫为"杖杜宰相""弄獐宰相"，以讥讽他才疏学浅。

⇒ 李林甫露怯。

［原文］ 善事可做，恶事莫为。

［白话］ 善事可以做，邪恶的事情不要做。

［解读］ 此二句教人为善去恶。《荀子·宥坐》中言："为善者，天报之以福；为不善者，天报之以祸。"看似简单的两句话，在俗世中又有多少人奉行呢？当世风将为非作歹、好勇斗狠视作生存与获得利益之道时，那便是一个人人都生活得不舒服的乱世。

［案例］ （1）前面说过的残忍恶毒、大兴冤狱的武周时期的酷吏来俊臣，不但残害忠良，而且贪财好色，他后来被武则天批准处死，斩于闹市并陈尸示众，民众争相去剐他的肉，很快就把他的肉割得丝毫不剩。人们相互庆贺说："从今天开始才不用提心吊胆地睡觉！"

（2）东汉杨宝九岁时，见一黄雀被老鹰所伤，坠落树下，为蝼蚁所困。杨宝可怜它，就将它带回家，放在巾箱中，给它喂饲黄花。百日之后，黄雀羽翼丰满，就飞走了。当夜，有一黄衣童子向杨宝拜谢说："我是西王母的使者，承蒙您的搭救，非常感激。"黄衣童子赠予杨宝四枚白玉环，说："它可保佑您的子孙位列三公，像这玉环一样品行高洁。"后来果如黄衣童子所言。"衔环"之典便从此来。

杨宝行善，黄雀报恩。

［相关名言］ 1.上帝宁愿听以纯洁之心念诵的粗劣诗文，也不愿听邪恶之人吟唱的至妙诗句。（伏尔泰）2.善终究将是恶的最后归宿。（丁尼生）

【原文】

许人一物，千金不移。

【白话】 答应别人的事物，即便千金来换也不能改变。

【解读】 此二句告诫人要信守诺言。信用是人与人之间，乃至维系整个社会的根本。如果信用缺失，那么人与人之间将难以共生共存，社会也将走向崩溃。

【案例】《史记·季布栾布列传》中，记载当时楚地有民谚说："得黄金百，不如得季布一诺。"由此产生了成语"一诺千金"，形容信守诺言的可贵。我们平时也常用"一言既出，驷马难追"来赞扬那些守信之人。《庄子·盗跖》中记载了一个"尾生抱柱"的故事：尾生跟一位女子约好在桥下相会，女子没有如期赴约，河水来到尾生却不离去，竟抱着桥柱而被淹死。由此可以看到中华民族是一个崇尚信用如生命的民族。

⇑ 尾生抱柱。

【相关名言】1.百金孰云重，一诺良匪轻。（卢照邻）2.失去了信用的人，就再没有什么可以失去的了。（普布利乌斯）

[原文]

龙生龙子，虎生虎儿。

[白话] 龙生的是小龙，虎生的是虎崽（zǎi）。

[解读] 一个人从小的成长环境和所受到的教育，对其性格、人生观、价值观、生活和学习习惯、行为方式等方面的影响是巨大的，人们常说"书香门第""将门虎子"，实际上是以家庭背景和教育熏陶来推测人物。

[案例] 历史上的很多杰出人物，都是有家学渊源、仕宦传统、武荫传承的，比如西汉开国功臣、宰相周勃之子周亚夫，也是名将，平定了七国之乱，官至宰相；唐代名臣颜真卿是著有《颜氏家训》的文学家、教育家颜之推的后代；唐代名臣张九龄出自书香门第、官宦世家；宋代范仲淹、范纯仁父子均官至宰辅之位，范氏祖上范履冰为唐代宰相；清代文华殿大学士兼礼部尚书张英之子张廷玉，历任礼部尚书、户部尚书、吏部尚书，拜保和殿大学士、首席军机大臣；李鸿章之父与曾国藩是同年进士，官至督捕司郎中、记名御史，诸如此类不可胜数。

↑ 岳飞严格督促其子岳云训练，岳云十分骁勇善战。

[相关名言] 1.人是环境的产物。（欧文）2.我不相信一个人的家世必能规范他的性格，但是我也不否认家庭环境与气氛对一个人的若干影响。（梁实秋）

【原文】 **龙游浅水遭虾戏，虎落平阳被犬欺。**

【白话】 龙游到浅水处会遭到小虾的戏弄，老虎离开深山到了平地之处，居然也会受到狗的欺负。

⇒ 龙游浅水遭虾戏，虎落平阳被犬欺。

【解读】 杰出的人物，需要有能够施展其才华的平台，处在与其相适应的地位。即便是雄杰、英才、君子，沦落到窘困、灾祸的境地，也难免被小人所嘲弄欺辱，比如韩信受胯下之辱。我们这里再说两个例子：

【案例】（1）周勃是西汉的开国功臣，封为绛侯，又因诛灭吕氏家族、拥立汉文帝有功，官至丞相。后来汉文帝免去周勃丞相之职，让其回到封地。周勃回到封地后，每当郡守和郡尉巡视绛县，他因害怕被诛杀，经常披挂铠甲，由执武器的家人陪伴会见郡守和郡尉。后来有人上书告发周勃谋反，皇帝把此事交给廷尉处理，廷尉又把此事交给长安的刑狱部门负责，长安的刑狱官逮捕周勃进行审问。周勃恐惧，不知如何回答，狱吏也欺辱他。周勃送给狱吏千金，狱吏才提示他："让公主为你作证。"公主是指文帝的女儿，周勃的长子周胜之娶她为妻，所以狱吏教周勃请公主出来作证。

周勃把加封所受的赏赐都送给了薄太后之弟薄昭。等案子到了紧要关头，薄昭为周勃向薄太后说情，太后也认为周勃不会有谋反的事。

文帝来见太后，太后顺手抓起头巾向文帝扔去，说："之前绛侯身上带着皇帝的印玺，在北军领兵，他不在那时反叛，如今他住在一个小小的县里，反倒要叛乱吗？"文帝已看到绛侯的供词，向太后谢罪说："狱吏刚好审查清楚，要放他出去了。"于是派使者带着符节赦免周勃，恢复他的爵位和食邑。周勃出狱后说："我曾经率领百万大军，却不知道狱吏的尊贵呀！"

（2）西汉名臣韩安国曾因犯法被判罪，蒙县的狱吏田甲侮辱韩安国。韩安国说："死灰难道就不会复燃吗？"田甲说："要是复燃就撒一泡尿浇灭它。"过了不久，梁国内史的职位空缺，汉朝廷派使者任命韩安国为梁国内史，韩安国从囚徒转瞬变为俸禄二千石的高官。田甲听说后便弃官逃跑了。韩安国说："田甲不回来就任，我就要夷灭他的宗族。"田甲便肉袒（tǎn）前去谢罪。韩安国笑着说："你可以撒尿了！像你们这些人值得我惩办吗？"后来宽恕了他。

⇑ 田甲羞辱韩安国。

【相关名言】1.在你有权力有名望的时候，卑鄙的人是不敢抬起嫉妒的眼睛看你一眼的；然而，到你一落千丈的时候，显示最大的毒辣的就是他们。（克雷洛夫）2.君子淡如水，岁久情愈真；小人口如蜜，转眼若仇人。（方孝孺）

【原文】　　　一举首登龙虎榜，十年身到凤凰池。
　　　　　　　十载寒窗无人问，一举成名天下知。

【白话】一旦登上进士榜，十年左右便可在朝廷担任高官。十年寒窗苦读无人过问，一旦榜上有名就会闻名天下。

⇑ 十载寒窗无人问，一举成名天下知。

【解读】《梦溪笔谈》中载："张唐卿景祐元年进士第一人及第，期集于兴国寺，题壁云：'一举首登龙虎榜，十年身到凤凰池。'"龙虎榜，此指朝廷公布的科举录取名单。《新唐书·欧阳詹传》："举进士，与韩愈、李观、李绛、崔群、王涯、冯宿、庾承宣联第，皆天下选，时称'龙虎榜'。"凤凰池本是皇宫禁苑中的池沼，魏晋时期称中书省为凤凰池，唐代多以"凤凰池"指宰相职位。考中进士在古代十分了得！多少人苦读一辈子也不得入其门，唐德刚先生曾评论说："考进士考不中是正常的，而考中是不正常的。"（唐德刚《晚清七十年》）全国每三年才有一次考进士的机会，每次只有二三百名人能够登榜，可见科举之难"难于上青天"。考取进士以后，就有了做官的资格，但实际出任官职，各朝代有不同的程序，如在唐代考中进士后，要想得到朝廷的正式委任，还须应试吏部铨（quán）选；清代则有"学习行走"等实习流程。

【原文】 **酒债寻常行处有，人生七十古来稀。**
养儿防老，积谷防饥。

【白话】 踪迹所达处处欠有酒债，已是常事；人能活到七十岁，自古以来却不多见。养育儿女可防老年无所依靠，积储粮食可防遭遇饥荒。

【解读】 前两句出自杜甫诗《曲江》，表达了人生短暂、及时行乐的思想情绪。在中国古代，由于科技水平、医疗保健条件等因素的制约，人的平均寿命在40岁左右，遇到战乱、灾害还要更低，所以有"人生七十古来稀"的感叹。又因为中国古代普通劳动人民几乎没有福利保障，所以普遍养儿防老，多子多孙被视为有福气。

古代中国以祖先崇拜、宗法制度、家族血缘关系为特点，孝道被视为人之大本。汉代以孝治天下，皇帝的谥号前都加有"孝"字，如孝文帝、孝景帝、孝武帝等。《礼记》"内则"等篇中详细叙述了作为子女、儿媳应该如何孝敬家长，如（子女、媳妇）到父母、公婆的住所去，要和颜悦色，要嘘寒问暖，恭敬地为他们按摩。父母（或公婆）出门走动，要跟随在他们前后，并恭敬地搀扶他们。父母早晚进餐时，儿子或儿媳要在一旁照料。父母、公婆的衣服脏了，要请求为他们洗涤；衣服破了，要请求为他们缝补。每隔五天，要为他们烧一次温水请他们洗澡，每隔三天要请他们洗一次头，等等。

养儿防老，积谷防饥。

【原文】 **当家才知盐米贵，养子方知父母恩。**

【白话】 当家后才知道柴米油盐的开销有多大，养育儿女时才能体会父母的恩情之重。

⇑ 当家才知盐米贵，养子方知父母恩。

【解读】 很多看似司空见惯的事，不身处其中，是无法体会其中滋味、知晓其中不易的。就好像我们看到别人取得一点儿进步和成绩，可能不以为然，待到我们亲身去做时，才知道艰难；就好像我们年少时在父母的呵护下，习惯了衣食无忧的生活，等到自己支撑起一个家庭，才感受到其中的压力与辛劳；就好像我们早已习惯了父母对儿女无私的爱与奉献，等到自己也养育了后代，为之日夜操劳，才想起父母是如何一把屎一把尿地将自己拉扯大。《诗经·蓼莪》中云："父兮生我，母兮鞠我。拊我畜我，长我育我，顾我复我，出入腹我。欲报之德，昊天罔极！"（爹呀是你生下我，娘呀是你养育我。抚养我啊教育我，照顾我啊惦记我，出出进进抱着我。想报答爹娘恩，你们的恩德像天空一样广大无边。）

【相关名言】1.情侣会反目，丈夫会厌妻，唯有父母的慈爱之心永世长存。（勃朗宁）
2.做了父亲和母亲，这是人的第二次降生。（苏霍姆林斯基）

常将有日思无日，莫把无时当有时。

[原文]

[白话]　富裕时也要想到匮乏的日子，匮乏时就不要硬充富裕来度日。

[解读]　此二句是劝人居安思危、未雨绸缪，在生活上、事业上常备不懈，实事求是，量入为出，有多少水和多少泥，不要打肿脸充胖子、爱慕虚荣。

[案例]　春秋末期，晋国大夫赵简子派家臣尹铎去晋阳，临行前尹铎请示说："您是打算让我去搜刮财富呢，还是作为保障之地？"赵简子说："作为保障之地。"尹铎便减轻赋税。赵简子对儿子赵无恤（赵襄子）说："一旦晋国发生危难，你不要嫌尹铎地位不高，不要怕晋阳路途遥远，一定要以那里作为归宿。"后来赵襄子与晋国权臣智伯瑶发生战争，依托晋阳取得了胜利。

　　据说，经营晋阳的还有一位名为董安于的赵氏家臣，他用芦苇秆等植物茎秆做晋阳宫室的墙骨，用铜做柱子，就是为了以防日后被围城时物资供应中断的问题。智伯瑶围困赵襄子于晋阳，城中箭尽，赵襄子拆掉宫室，用建筑材料来造箭和其他兵器。

介 常将有日思无日，莫把无时当有时。

[相关名言] 1.确保安全的方法就是永远不要感到安全。（H.G.博恩）2.处境安全而保持警惕的人，不会遇到危险。（普布利柳斯·西鲁斯）

【原文】 ## 时来风送滕王阁，运去雷轰荐福碑。

【白话】 时来运转的时候，就像风送王勃到滕王阁扬名一样顺利；运气不好时，就像要临摹荐福寺碑时碑却被雷轰毁一样倒霉。

【解读】 此二句是好运气与坏运气的对比，蕴含了两个事典。上句说的是王勃写《滕王阁序》之事：上元二年（675），洪州都督阎伯屿重修滕王阁，将于九月九日在阁上大宴宾客。当时王勃去交趾探望父亲，途经洪都（今江西南昌），相传他所乘的船被风吹到了滕王阁边，因此参加了此次宴会，写就了千古名篇《滕王阁序》，因此名扬天下。下句典出宋代惠洪的《冷斋夜话》。据说范仲淹在饶州（今江西鄱阳）任知州时，有书生献诗甚工，并自言天下寒饿无出其右者。时盛行欧阳询字，欧阳询所写荐福碑的拓本值千钱。范文正公准备为书生拓印一千本，使之售于京师。纸墨已具，不料一天晚上却听说雷击碎荐福碑。后用"雷轰荐福碑"形容命途多舛所致失意，就像现在说的"人倒了霉喝凉水都塞牙"。

⇑ 王勃逢滕王阁宴会，写就传诵千古的《滕王阁序》。

【相关名言】 1.命运女神对她所垂青的人，会把一切转变为有利。（拉罗什富科）2.命运只决定我们行动的一半，另一半留给我们自己操纵。（马基雅维利）

【原文】 **入门休问荣枯事，观看容颜便得知。**
官清书吏瘦，神灵庙祝肥。

【白话】 进入他人家门不必问日子过得好坏，只要观察一下主人的容颜气色便可知晓。长官清廉，其属下的文吏都清瘦，神仙灵验，庙里管香火之人都肥胖。

【解读】 人的境况如何，我们无须多问，只要留意他（她）的气色神态、穿着举止便可有所估量。人在顺境得意之时，自然春风满面，踌躇满志；在失意落魄之时，难免愁眉苦脸、面色凝重；在穷困之时，难免捉襟见肘、局促紧迫；在急功近利之时，难免欲火中烧、分毫必争。神态、容貌能透露出的信息已经很多，遑论穿着、消费等情况。后两句也是从侧面判断主体的情况：下属廉洁，上级应当不会是贪赃枉法之辈；管理香火的庙祝肥胖富态，那么这庙中的神灵多半被认为是灵验的。

【相关名言】1.面容是思想的肖像，眼睛是它的通信员。（西塞罗）2.人的面孔常常反映他的内心世界，以为思想没有色彩，那是错误的。（雨果）3.心灵开朗的人，面孔也是开朗的。（席勒）4.脸是心灵的肖像，同时也是心灵的绘画。（拉丁谚语）

【原文】 **饶人算之本，输人算之机。**

【白话】 能够宽恕别人是处事能有胜算的根本，承认不如别人是处事能够合宜的关键。

【解读】 无论做何事业，要想得到他人由衷的认可，除了自身的品质与实力要货真价实以外，其所秉持的道德和价值观是关键。古语说："得人者昌，失人者亡。""恃德者昌，恃力者亡。"宽恕、谦逊、仁义、厚道和为大众服务的态度，比严厉苛刻、咄咄逼人、处处抢占先机与利益更能得人心，会得到更多的认可与支持，这是显而易见的。

【案例】 这里举一个秦穆公的例子辅读。据《史记·秦本纪》载，秦穆公曾丢失了一匹良马，是岐山下的三百多个乡下人把它抓来吃掉了。官吏捕捉到这些乡下人，要加以法办。穆公说："君子不能因为牲畜而伤害人。我听说，吃了良马肉，如果不喝酒，会伤人。"于是就赐酒给乡下人喝，并赦免了他们。后来秦穆公率军迎击来犯的晋军，这三百人都要求跟着去。在作战时，他们发现穆公被敌包围，都争先死战，以报答吃马肉被赦免的恩德。这场战役，秦穆公不但反败为胜，还活捉了晋君。

⇒乡下人助战秦穆公以报他宽恕之恩。

【相关名言】 1.得放手时须放手，可饶人处且饶人。（沈采）2.不是饶恕到七次，乃是七十个七次。(《圣经》)

[原文] **好言难得，恶语易施。**

[白话] 良言好语难以听到，伤人的话却很容易说出。

[解读] 很多人在给予他人良言好语、称颂赞扬的时候很是吝啬，却常常因为言辞不当，不知不觉地就把人得罪了，这就是"好言难得，恶语易施"。良言一句三冬暖，恶语伤人六月寒，祸从口出，我们一定要慎言。这里举一例辅读。

[案例] 隋代开国名臣高颎（jiǒng），文韬武略，功勋赫赫，为人谦逊，不居功自傲。然而高颎却因为错说了一句话而受到隋文帝皇后的记恨。隋文帝与独孤皇后的感情是很好的，但是她在隋文帝与其他嫔妃方面容忍度很低，尽管隋文帝不是好色之徒，但他毕竟有七情六欲，有一次在仁寿宫被一个有姿色的宫女尉迟氏给迷住，发生了男欢女爱的事情。独孤皇后听说此事，找了个借口将尉迟氏杖杀了。隋文帝知道后大怒，又不好向独孤皇后发作，一人策马出宫，跑到二十多里深的山谷里。大臣高颎、杨素等追上隋文帝，苦劝他回宫。隋文帝叹息道："我贵为天子，竟然不得自由！"高颎劝慰道："陛下岂能以一妇人而轻天下！"劝到半夜才把隋文帝劝回宫，独孤皇后流泪谢罪，经高颎、杨素调解，夫妻重归于好。然而高颎却因为随口的"一妇人"之劝语，被独孤皇后记恨，从此百般中伤他，以至于被隋文帝疏远猜忌。

← 高颎劝隋文帝时出言不慎而埋下祸根。

【原文】 # 一言既出，驷马难追。

【白话】 一句话说出口，四匹马拉的车也追赶不回来。

【解读】 "一言既出，驷马难追"有两层含义，一层是形容话说出之后，无法再收回。另外也强调说话要算数、掷地有声。

【案例】 郭伋（jí）是东汉时期的名士、官员，官至并州牧。《后汉书·郭伋传》载，郭伋刚担任并州牧，首次出巡，到达西河郡美稷县，有数百名儿童，各自骑着竹马，在道边迎接郭伋。郭伋问："孩子们为什么远道而来？"他们回答说："听说使君到来，我们高兴，所以来这里欢迎您。"郭伋向他们表示感谢。事情办完后，孩子们又将他送出城，并问："使君什么时候再回来？"郭伋告诉部下官吏，算好了日子告诉孩子们。巡视后返回，比预计日期提前了一天，郭伋不想失信于孩子们，于是在野外亭中留宿，等到了约定日期才进城。他就是这样做人的。

介 郭伋守期。

【相关名言】 1.人言而无信，便不值一钱。（曾国藩）2.信用是最大的资本。（弥尔顿）3.失掉信用的人，在这个世界上已经死了。（哈伯特）4.轻易许诺的人也轻易忘记。（托马斯·富勒）5.信用坠地，就像镜子打碎了不能重圆。（印度谚语）

〔原文〕 **道吾好者是吾贼，道吾恶者是吾师。**

〔白话〕 阿谀逢迎我的人于我无益，能够指出我缺点的人是我的老师。

道吾好者是吾贼，道吾恶者是吾师。

〔解读〕 这两句话的道理人们都懂，但在现实中，乐于接受逆耳忠言的人却并不多。卡耐基曾说：人本身并不是一种逻辑、理性的动物，而是一种充满感情、偏见和虚荣的动物。我们必须承认一个事实，我们所要批评的人，不论其是否有错，都将会执意强辩，为自己的行径寻找借口，甚至恶言反扑。如果你有心让某人仇恨一辈子，只要放开顾忌，毫不保留地予以严厉批评，保证可以奏效，哪怕你的批评完全正确。实际上，上至帝王将相，下至平民百姓，人们都愿意听赞扬的、顺意的话，虽然知道"良药苦口利于病，忠言逆耳利于行"的道理，却依然不愿意听逆耳、批评的话。

历史上的奸臣，绝大多数都有阿谀逢迎主上的本领，有些君主虽然知道他们说的是花言巧语，但是也爱听，认为他们比那些刚直不阿、犯颜直谏的人讨人喜欢。然而不愿听逆耳忠言，也就断绝了各种真实情况和补阙拾遗建议的入耳，朝纲的混乱、国家的衰败也就开始了。

〔案例〕 （1）前文说过的奸相李林甫，担任宰相十九年，善于迎合上意，后人评价"其诡似恭，其奸似直，其欺似可信，其佞似可近"。李林甫曾召集谏官,对他们说道:"如今圣明天子在上,群臣顺从圣意都来不及,还需要什么谏论?你们难道没见过那些立仗马吗?它们整日默不作声,就能得到上等的粮草饲养,但只要有一声嘶鸣,就会立即被剔除出去。就算以后不乱叫,也不可能再被征用。"从此朝中无人再敢直言进谏。

(2)十六国时期的前秦君主苻坚,本人尚贤使能,爱民慎杀,减免赋税,劝课农桑,提倡节俭,因此使前秦国力蒸蒸日上,统一了北方。他想征伐东晋,满朝大臣多不同意,唯独有异心的慕容垂、姚苌等人顺他心意加以劝勉,苻坚听了十分高兴。后来他在淝水之战大败而归,慕容垂、姚苌趁机自立。苻坚最后被姚苌缢杀。

(3)历史上善于纳谏的君主,总体数量不算多。善于纳谏的君主,往往成为历史上的明君,唐太宗便是其中的代表。唐太宗目睹了隋朝在很短时间内从强盛到灭亡的过程,深恐自己重蹈隋炀帝覆辙,因而十分注重纳谏,让臣下监督自己,纠正自己的过失。他有谏臣如魏徵、王珪等人,敢于犯颜直谏。魏徵曾对唐太宗说:"陛下引导臣言,臣才敢尽愚诚。若陛下不接受臣言,臣岂敢犯颜强谏。"唐太宗坚持纳谏,坚持得十分不易,时常被谏臣谏诤得怒火中烧。有一次回宫后大骂道:"我要杀了这田舍翁(乡巴佬,指魏徵)!"然而他深知"忠言逆耳利于行"的道理,终其一生,基本保持了纳谏的作风、开明的态度,开创了自汉代以后从未出现过的天下大治的局面,史称"贞观之治"。

⇑ 对苻坚忠心耿耿的臣子都劝他不要征伐东晋,不顺苻坚心意,他并不听从。

[原文]　　**路逢险处须当避，不是才人莫献诗。**

[白话]　路上遇到危险之处应当躲避，如果对方不是才子就不要献上诗篇。

[解读]　人生旅途中应尽量远离危险。古语有"千金之子，坐不垂堂"的劝诫，意思是富贵人家的子弟，坐卧不靠近屋檐处，怕被屋瓦掉下来砸着。在任何时候，人的生命安全都是第一位的。我们与人结识，如果发现对方并不是知音，或者水平和素养有限，就不必殷勤地展示自己的心血之作。伯牙奏《高山流水》之曲，也需要像钟子期那样的高士才能欣赏，如果对牛弹琴，受到冷遇，又能怪谁呢？

[案例]　（1）汉代名臣卓茂，才能品行都很出众，西汉末期为官，有政绩，深得百姓爱戴，却在王莽篡位后辞官还乡。王莽朝覆灭，更始帝刘玄即位，任卓茂为侍中祭酒，卓茂随更始帝到长安，看到更始政权政治混乱，又一次告老还乡。直到光武帝刘秀立国，他才出仕。

　　（2）三国时期著名隐士管宁，一生不受朝廷征召出仕，只是做学问，施教化。宋代学者萧常评论说："若管（宁）、张（臶 jiàn）数子，特避世之士耳……方是时，奸雄睥（pì）睨（nì）神器，仇雠（chóu）正士，士以才知杀身者多矣。之数子者，屏迹山樊，危行言孙，卒以免祸，贤矣哉！"

⇑ 管宁一生未出仕，以学问教化自守。

【原文】

三人行，必有我师焉。
择其善者而从之，其不善者而改之。

【白话】 三个人同行，其中必定有人可以作为值得学习的老师。选取他的优点而学习，他的缺点则引以为戒，如果自身也有同样的缺点，就加以改正。

⇒ 三人行，必有我师焉。

【解读】 人在很多时候对自己身上的优点，尤其是缺点看得并不十分清楚，看别人却常常能看得一清二楚。以他人作为参考的尺度和借鉴，有助于自我的完善和进步。唐太宗有名言说："以铜为镜，可以正衣冠；以史为镜，可以知兴替；以人为镜，可以明得失。"

【案例】 韩愈写过一篇著名的文章《师说》，其中说：出生在我之前的，他懂得道理本来就比我早，我向他学习，拜他为师；出生在我之后的，如果懂得道理也比我早，我也向他学习，拜他为师。我是从师学习道理，何必管他的年纪是比我大还是比我小呢？因此不论高贵与卑贱，年长与年幼，道理在哪里，老师就在哪里……圣人并没有固定的老师。孔子曾向郯子、苌弘、师襄、老聃求教。他们的学问道德并不如孔子。孔子说："三人行，则必有我师。"所以学生不一定样样不如老师，老师也不一定样样都比学生高明，懂得道理有早有晚，专业各异，擅长不同，如此而已。

〔原文〕 **欲昌和顺须为善，要振家声在读书。**

〔白话〕 要想昌盛、和睦、顺利就要多做善事，与人为善；要想振兴家业、声名远扬就要靠求学读书。

〔解读〕 中国古代将由读书而仕进视为光宗耀祖的正途。《论语》中言："学而优则仕。"《荀子·王制》中说："虽庶人之子孙也，积文学，正身行，能属于礼义，则归之卿相士大夫。"古代有许多自幼家境贫寒，却靠着寒窗苦读名扬天下的事例，如"囊萤映雪"的故事，如"匡衡凿壁引光"的故事。这里引用两首诗来说明古人看待用功读书的态度，《长歌行》是汉乐府诗作，《劝学诗》是宋真宗所写。

长歌行

青青园中葵，朝露待日晞。阳春布德泽，万物生光辉。常恐秋节至，焜黄华叶衰。百川东到海，何时复西归？少壮不努力，老大徒伤悲。

劝学诗

富家不用买良田，书中自有千钟粟。安居不用架高堂，书中自有黄金屋。出门莫恨无人随，书中车马多如簇。娶妻莫恨无良媒，书中自有颜如玉。男儿欲遂平生志，五经勤向窗前读。

⇑ "囊萤映雪"之典是指东晋车胤、孙康因家贫，车胤用口袋装萤火虫来照明读书，孙康利用雪的反光勤奋苦学之事。

〔原文〕

少壮不努力，老大徒伤悲。

〔白话〕 少壮之时不努力，年纪大了悲伤后悔也是徒然无用。

⇑ 仲永因少年时不能读书进学而浪费了大好天资。

〔解读〕 人只要肯下决心肯努力，任何时候都不算晚，在成功的范例中，大器晚成的人不少。但是我们也要清楚，人在青少年时期的脑力、体力、精力、记忆力要远超过中年以后，青少年时费一分力取得的成效和进展，到中年以后费十分力可能都不能达到。因此人要格外珍惜青少年时期的时光，充分地利用起来，去学习，去工作，去创造，才不至于有"人到中年万事休"的无奈叹息。

〔案例〕 王安石曾写过一篇文章《伤仲永》，记述他的一段见闻：儿童方仲永极具天赋，聪明异常，五岁就能提笔写诗，人们都感到很惊奇，以宾客之礼对待他的父亲，有的人花钱求仲永的诗。方仲永的父亲认为这样有利可图，就每天带着仲永四处拜访，不让他上学。就这样，等到方仲永二十岁的时候，就沦为了一个平庸的人。

天赋再好，如果不能在青少年的时候努力学习和进取，随着年岁的增长，变成庸人几乎是必然的。

〔相关名言〕 1.人生虽然漫长，但紧要处常常只有几步，特别是当人年轻的时候。（柳青）
2.青年时种下什么，老年时就收获什么。（易卜生）

〔原文〕

人有善愿，天必佑之。

〔白话〕 一个人有善良的愿望，上天也会保佑他。

〔解读〕《道德经》中说："天道无亲，常与善人。"《墨子》中讲："爱人利人者，天必福之；恶人贼人者（厌恶人残害人的人），天必祸之。"古今中外对于人性本善还是本恶的争论是很多的，孟子主张人性本善，荀子主张人性本恶，基督教有原罪论，霍布斯、弗洛伊德都倾向于人性根植于欲望，人文主义者则认为人心善良、乐于助人。综合地看，人性中有善的成分，也有恶的成分。如果我们单纯地认为人性是恶的，那么整个人类将没有希望，也不符合历史的发展方向与天道；如果我们单纯地认为人性是善良的，那么又时常会被冷酷的现实所教训，吃亏上当是免不了的。所以我们应该心存善良，心向光明，而又能对邪恶的陷阱有所警惕和预防。心地善良的人（如果不是装模作样、别有他图的话），是会有好运好报的，这一点是毋庸置疑的。

⇑ 行善者，天将报之以福。

莫饮卯时酒，昏昏醉到酉。

[原文]

[白话] 不要在早晨喝酒，那样的话你将昏昏沉沉醉到晚上。

[解读] 卯时是早上5点至7点，喝酒喝到开始喝晨酒，说明酒瘾已经严重到病态。昏昏沉沉一天不说，对身心的伤害都极大，需要去看医生。

[案例] 据《晋书》记载，十六国时期的前赵皇帝刘曜（yào），聪明睿（ruì）智，文武兼备，气度非凡。他东征西战，攻灭西晋，战功卓越，在平定外戚靳（jìn）准叛乱后，登基为帝。319年，石勒自立为大赵天王，刘曜的前赵与石勒的后赵战火不息。328年，刘曜军与石勒军大战于洛阳附近。刘曜从小喜欢喝酒，到这时，嗜酒已经到了很严重的程度。石勒到达，刘曜准备出战时，就喝酒数斗，等到出战时，又喝酒斗余，结果指挥失当，致使大军被后赵军击溃，自己被生俘，后被杀害。

从史料中我们可以看出，刘曜后期的饮酒已经到了不能控制的程度，大敌当前依然需要饮酒才能上马，现代医学称之为"酒精依赖症"。此病的形成有多种因素，其中，不分时间、毫无节制地饮酒是重要因素之一。历史上因无节制饮酒而葬送一生的英才不少，不能不引以为戒。

⇑ 莫饮卯时酒，昏昏醉到酉。

〔原文〕　　　　　　　**莫骂酉时妻，一夜受孤凄。**

〔白话〕　不要在晚上责骂妻子，否则会一夜孤独凄凉没人理。

〔解读〕　酉时是 17 点到 19 点。"莫骂酉时妻，一夜受孤凄"是经验之谈，夫妻间在临近睡觉的时候起矛盾吵架，那么这必然是凄凉难受的一夜。夫妻日日生活在一起，难免有马勺碰锅沿的时候，两口子床头吵架床尾和，即便有不愉快，也要尽快地去化解。本是同舟共济、相濡以沫的一家人，有什么不能去体谅、去理解的呢？俗话说：家常饭，粗布衣，知疼知热才是好夫妻。

⇑ 莫骂酉时妻，一夜受孤凄。

〔相关名言〕1.妻子应当尊重丈夫的荣誉,丈夫应当重视妻子的体面。(孟德斯鸠)2.夫妻之争是没有胜者的，只能是两败俱伤。(石川达三)

〔原文〕

种麻得麻，种豆得豆。
天网恢恢，疏而不漏。

〔白话〕 种下麻的种子，就会收获麻；种下豆的种子，就会收获豆。天道之网广大无边，虽然网孔稀疏，但不会遗漏一点事物。

〔解读〕 果由因而来，种下什么样的因，就结什么样的果。在我们的世界里，因果律是无处不在的最重要的规律之一。胡适先生在《赠与今年的大学毕业生》的演讲中有这样一段话："佛典里有一句话：'福不唐捐。'唐捐就是白白地丢了。我们也应该说：'功不唐捐！'没有一点努力是会白白地丢了的。在我们看不见想不到的时候，在我们看不见想不到的方向，你瞧！你下的种子早已生根发芽开花结果了……朋友们，在你最悲观最失望的时候，那正是你必须鼓起坚强的信心的时候。你要深信，天下没有白费的努力。成功不必在我，而功力必不唐捐。能够永远有这样的信心，自然也是好的。"

《道德经》中言："天之道，不争而善胜，不言而善应，不召而自来，绰（chǎn，缓慢）然而善谋。天网恢恢，疏而不失。"这是说天道不斗争而善于取胜，不说话而善于应承，不召唤而自动到来，宽缓从容而善于安排筹划。天道之网宽广无边，虽然稀疏但并不会有一点漏失。"天网"二句后来常指天道公平，作恶就要受惩罚。

⇒ 种瓜得瓜，种豆得豆。

〔原文〕

见官莫向前，做客莫在后。
宁添一斗，莫添一口。

〔白话〕 看到官吏不要向前凑，以免惹上祸端；去做客时不要往后退，以免让主人为难。宁愿多添一斗粮，不要多添一口人。

〔解读〕 中国古人对官吏是很畏惧的。《史记·酷吏列传》中说："吏之治以斩杀缚束为务。"（官吏治理政事以斩杀和捆缚为主要任务。）西汉名臣汲黯曾怒不可遏地骂酷吏张汤说："如果非依张汤之法行事不可，必令天下人恐惧得双足并拢站立而不敢迈步，眼睛也不敢正视了！"《盐铁论·周秦》："赵高以峻文决罪于内，百官以峭法断割（百姓）于外。"董仲舒写道："是以（秦朝）百官皆饰虚辞而不顾实，外有事君之礼，内有背上之心；造伪饰诈，趋利无耻；又好用惨酷之吏，赋敛无度，竭民财力，百姓散亡，不得从耕织之业，群盗并起。是以刑者甚众，死者相望，而奸不息。"古代诗歌中形容官吏之苛酷的也比比皆是，如《贼退示官吏·并序》："今彼征敛者，迫之如火煎。"《石壕吏》："吏呼一何怒，妇啼一何苦。"《捕蛇者说》："悍吏之来吾乡，叫嚣乎东西，隳突乎南北；哗然而骇者，虽鸡狗不得宁焉。"由此可以看到古代百姓对官吏的畏惧是如何形成的。后二句是在说不愿多添一张白吃饭的嘴。古代生产力低下，多养活一个人是比较吃力的。

【原文】 <u>螳螂捕蝉，岂知黄雀在后。</u>
<u>不求金玉重重贵，但愿儿孙个个贤。</u>

【白话】 螳螂只顾捕捉眼前的蝉，哪里料到黄雀正在后面准备吃它。不求家中积累多少贵重的金珠宝玉，但愿儿孙个个贤良。

【解读】《庄子·山木》中言："睹一蝉，方得美荫而忘其身；螳螂执翳而搏之，见得而忘其形；异鹊从而利之，见利而忘其真。"《说苑·正谏》讲了这样一则故事：吴王欲伐荆，告其左右曰："敢有谏者，死！"舍人有少孺子者，欲谏不敢，则怀丸操弹，游于后园，露沾其衣，如是者三旦。吴王曰："子来，何苦沾衣如此？"对曰："园中有树，其上有蝉，蝉高居悲鸣饮露，不知螳螂在其后也！螳螂委身曲附，欲取蝉而不知黄雀在其傍也！黄雀延颈欲啄螳螂而不知弹丸在其下也！此三者，皆务欲得其前利而不顾其后之有患也。"吴王曰："善哉！"乃罢其兵。

每一个当家长的对于孩子的期望，都是希望他（她）身体健康，人品好，有能力。如果孩子没有养成自律自省、勤俭奋斗的习惯，那么即便留给他（她）万贯家财，也只能是害了他（她），甚至比什么都不留的危害更大。子孙不贤，即便留下万贯家财，全部败光也用不了多久。如果腐化堕落的习惯已经养成，那么离穷困潦倒，乃至家破人亡，只有很短的距离。

⇒ 螳螂捕蝉，黄雀在后。

⇑ 不求金玉重重贵，但愿儿孙个个贤。

【相关名言】1.爱子，教之以义方，弗纳于邪。(《左传》) 2.子孙若贤，不待多富；若其不贤，则多以征怨。(《潜夫论》) 3.力学勿忘家世俭，堆金能使子孙愚。(刘克庄) 4.儿子的勇敢，能使母亲觉得年轻。(日本谚语)

【原文】

一日夫妻，百世姻缘。
百世修来同船渡，千世修来共枕眠。

【白话】 能做一日的夫妻，也是许多辈子修来的缘分。百世的修行才得来两人同船渡河的缘分；千世的修行，才修来夫妻同床共枕的缘分。

【解读】 这里所说的缘分，是夫妻的缘分，一日夫妻，当然不是指放纵不负责的一夜情。通过修行得到来世福报的思想来自佛家，佛教中有六道轮回的理论，只有修善业，种善根，才能往生善道。佛教认为，在六道中，人身是非常难得的，需要具足许多因缘，众多因缘成熟，才能得到人身。而且人身也是最适宜修行的。《提谓经》中说："如有一人在须弥山上以纤缕下之。一人在下持针迎之。中有旋岚猛风。吹缕难入针孔。人身难得甚过于是。"得人身有如一个人在须弥山上将线往下放，另一个人在山下用线去穿针，而且山中还狂风猛吹，得人身甚至比这样穿针还难。《涅槃经》中有说："得人身者，如爪上土；失人身者，如大地土。"形容得人身的人好像佛陀手上的尘土一样稀少，而失去成为人或者再次成为人的机会的众生，犹如十方世界大地之土般众多。得人身尚且如此艰难，那么夫妻二人能够在茫茫人海中相遇相知，相濡以沫，风雨同舟，又该有多么的不易！

⇒百世修来同船渡，千世修来共枕眠。

⇑ 一日夫妻，百世姻缘。

【相关名言】1.一夜夫妻百日恩，百夜恩情比海深。（中国谚语）2.有缘千里来相会，无缘对面不相逢。（《水浒传》）3.男人拥有的最好的东西是一个称心如意的妻子。（欧里庇得斯）

【原文】

杀人一万，自损三千。
伤人一语，利如刀割。

【白话】 杀死敌人一万，己方也损失三千人。说一句伤害人的话，有如利刃割人。

⇒杀人一万，自损三千。

【解读】 在战争中，如果必欲将敌人杀灭殆尽、斩草除根，那么己方就要先做好承担大的损失的准备。在有死无生、没有退路的时候，本可以投降顺服的人也会负隅顽抗、背水一战、以死相搏的。《孙子兵法》中说："凡用兵之法，全国为上，破国次之；全军为上，破军次之；全旅为上，破旅次之；全卒为上，破卒次之；全伍为上，破伍次之。是故百战百胜，非善之善者也；不战而屈人之兵，善之善者也。"杜甫《前出塞》诗云："挽弓当挽强，用箭当用长。射人先射马，擒贼先擒王。杀人亦有限，列国自有疆。苟能制侵陵，岂在多杀伤！"如果真想要寻求长远的安定，岂止是多杀人就能做到的？中国最古老的军事著作之一《司马法》以"仁本"开篇，认为符合人道、仁义的战争才具有正义性，才能得到更多的支持。我们看历史上那些代表人心的正义之师，常常是势如破竹、摧枯拉朽一般地就能摧毁邪恶反动的势力，战争不以杀人多而取胜，才算入门了战争的艺术。

【原文】　**枯木逢春犹再发，人无两度再少年。**
　　　　未晚先投宿，鸡鸣早看天。

【白话】　枯萎的树木遇到春天还能再发芽，人却不会有两个少年时期。趁着天色未晚，先要找投宿的地方，听到鸡打鸣了，就应早起看看天气。

【解读】　前两句劝人珍惜年少时光。朱自清先生的散文名篇《匆匆》中叹息："燕子去了，有再来的时候；杨柳枯了，有再青的时候；桃花谢了，有再开的时候。但是，聪明的，你告诉我，我们的日子为什么一去不复返呢？"人生中每每发生着这样一种令人叹惋的事，就是处于年少青春时期的人，经常觉得年龄尚小，时间尚早，并不在意光阴的白白流逝，待到年龄老大，再欲学习奋斗，却发现处境、精力、脑力、心力等各个方面都已力不从心，人生难有起色。所以古人的格言警句中，有很多劝诫人们珍惜时间、珍惜年少青春的内容。后两句劝诫人要未雨绸缪，早做准备。

⇑ 枯木逢春犹再发，人无两度再少年。

【相关名言】1.青春是美妙的，挥霍青春就是犯罪。（萧伯纳）2.如果你浪费了自己的年华，那挺可悲的，因为你的青春只能持续一点儿时间，很短的一点儿时间。（王尔德）

[原文] **将相顶头堪走马，公侯肚里好撑船。**

[白话] 将军宰相的头顶上可以跑马，公侯贵族的肚子里可以撑船。

[解读] 并不是王侯将相必然能够宽宏大量，历史上也有很多心胸狭隘、容不得人的王侯将相，这两句话是在鼓励人们要心胸宽广开阔、有度量、能宽容，这样的人，堪称有王侯将相的气度。

[案例] 北宋初年的名臣王旦，位至宰辅，气量宽宏。与王旦同朝为臣的寇准有奇才，后人评价其"性刚自任"。寇准多次在真宗面前说王旦的不是，而王旦却常在皇帝面前称赞寇准。真宗对王旦说："你尽讲他好，他却专讲你坏。"王旦说："我久在相位，政事缺失必多。寇准直言无隐，更见其忠直，臣因此推重他。"真宗听后更加认为王旦贤良。

寇准在枢密院，见中书送来的事务有违条例，便奏报真宗，王旦被责，中书堂吏都受罚。不久枢密院有事务送中书，也有违例处，堂吏呈交王旦，期待他报复，王旦却指示送还枢密院。寇准很是惭愧，见到王旦时说："同年，你怎么这么大度量？"

⇒寇准叹服王旦度量大。

【相关名言】1.大其心容天下之物，虚其心受天下之善。（吕坤）2.宽宏大量是思想高尚的表现。（圣茨伯里）

〔原文〕

富人思来年，贫人思眼前。
世上若要人情好，赊去物件莫取钱。

〔白话〕 富人思考的是来年的事情，穷人却只能考虑眼前的事情。在世上要想有个好人缘，赊欠给别人的东西就不要收钱。

富人思来年，贫人思眼前。

〔解读〕 人有了一定的经济基础和积蓄以后，才能踏实下来，定下心来做长远的规划，为一项事业做持续地投入和努力。如果每天都面临温饱问题，疲于奔命，如何能做长远的规划、积累和投入呢？美国作家芭芭拉·艾伦瑞克在《我在底层的生活》一书中有一个"越工作越贫穷，越贫穷越工作"的说法，大致是说每天都为基本生存需求而四处奔波、辛苦劳动，因此没有学习、增长自身价值、规划自己人生的时间，造成了虽然工作很久，但是个人价值并无多少提高，因为个人价值有限，从事的都是简单劳动，收入也便有限，经济上也不能有所积累，从而只能继续从事简单劳动，陷入这样一个令人懊恼的循环当中。

　　钱锺书先生曾说，借钱就等于失去朋友。因为一旦借给人钱，两人就变成借债人与债主的关系，遇到为人守信的人，按时归还借款还好说，遇到借债人因各种原因不按时归还借款，那么两人的关系很快就转化为敌对甚至仇恨。所以钱锺书先生不轻易借给别人钱，借的话，并不要求对方归还。

【原文】

击石原有火，不击乃无烟。
人学始知道，不学亦枉然。

【白话】 石头相击就会迸出火星，如果不去碰击就不会冒出烟来。人只有通过学习才会明白事理，不学什么也不明白。

↑ 人学始知道，不学亦枉然。

【解读】 唐人孟郊《劝学》诗云："击石乃有火，不击元无烟。人学始知道，不学非自然。万事须己运，他得非我贤。青春须早为，岂能长少年。"古希腊哲学家苏格拉底有个著名的观点，他认为追求知识有着极重要的意义，他坚持说，没有一个人是明知而又故意犯罪，因此一切人的行为完美所必需的就只是知识。

《尚书·说命中》中言："非知之艰，行之惟艰。"这是认为知易行难。孙中山先生则提出"知难行易"的理论，鼓励人们勇于实践，大胆进取以获得真知。

【相关名言】 1.临渊羡鱼，不如退而结网。(《汉书》) 2.天下未有不劳而能成者也。(王通) 3.本来无望的事，大胆尝试，往往能成功。(莎士比亚)

【原文】 **莫笑他人老，终须还到老。**
和得邻里好，犹如拾片宝。
但能依本分，终须无烦恼。

【白话】 不要笑话别人衰老，自己有一天也会衰老。邻里之间相处和睦，就像捡到一块宝贝一样可贵。只要安分守己做人，一生都不会有烦恼。

和得邻里好，犹如拾片宝。

【解读】 红楼梦第一回中，甄士隐为《好了歌》作注诗云："正叹他人命不长，哪知自己归来丧！"人生多变故，生命终会结束，做好自己的事、保重好自己还来不及，哪有心思去讥笑别人？《论语》中说："子贡方人，子曰：'赐也贤乎哉？夫我则不暇。'"（子贡议论别人。孔子说："端木赐贤良吗？我就没有这种闲工夫去议论人。"）

邻里之间能够和睦相处真是一件幸事，如果家居之处充满矛盾、纠葛、仇视，最基本的栖身之地都充满不安定因素，何谈安居乐业呢？

人的安守本分，是指努力于自己的专业，符合于良心与道德，不取不义之财，不做投机取巧之想。并不是鼓励人们僵化死板、墨守成规、食古不化。

【相关名言】1.邻里不和如染瘟疫，和睦相处似交好运，好邻居是一笔宝贵的财富。（赫西奥德）2.邻居和睦，事事如意。（赫伯特）

169

【原文】

大家做事寻常，小家做事慌张。
大家礼义教子弟，小家凶恶训儿郎。

【白话】 大户人家做起事来从容寻常，小户人家做起事来慌里慌张。大户人家以礼义来教育子弟，小户人家用粗言恶语训斥子孙。

⇑ 大家礼义教子弟，小家凶恶训儿郎。

【解读】 并不能说大户人家就会教育子弟，就能做事从容得体，大户人家也不少出纨绔子弟，上不了台面的事，出自大户人家的也不少。这里之所以拿大家与小家作对比，主要是想说明那些世代传承不衰的高门大族，通常都有足以传家不败的家风家训，通常都以道德礼义作为家族最重要的传承，如果子孙尽是纨绔子弟，是无法世代不衰的。而且大户人家相比于小户人家，可能见的世面更多，人脉更广，经历的事情更多，所以做事、处世的时候能更加稳健从容。"小家做事慌张"，"小家凶恶训儿郎"，应解作做事慌张、凶恶训儿郎的真是小家子气啊！

【相关名言】 1.一个人的性格品质，以及在行为上的作风，与他的出身门第是有相当关系的。(梁实秋) 2.猪圈岂生千里马，花盆难养万年松。(中国谚语)

〔原文〕

君子爱财，取之有道。
贞妇爱色，纳之以礼。

〔白话〕 君子喜爱钱财，但都是从正当途径得来。守本分的妇女也喜欢打扮，但要符合礼义规范。

〔解读〕 孔子说："富与贵，是人之所欲也，不以其道得之，不处也。贫与贱，是人之所恶也，不以其道得之，不去也。"（钱和地位，是每个人都向往的，但是，以不正当的手段得到它们，君子不享受。贫困和卑贱，是人们所厌恶的，但是，不通过正当的途径摆脱它们，君子是不会摆脱的。）传统的中国人，是耻于获得不义之财的。

爱美之心人皆有之，即便是贞洁守本分的妇女也不例外，但是穿着打扮还是要符合礼义道德的标准，穿着过分招摇、挑逗、诱惑，因此遭遇麻烦，那么自己也有责任啊。

〔案例〕 范蠡帮助越王勾践灭掉吴国、成就霸业以后，认为勾践的为人，只可与之共患难，不可以与之共享乐，于是乘船漂海到了其他国家，吃苦耐劳，努力生产经营，用智慧治理产业，十九年间，三次赚得千金之财，两次分散给亲朋好友，行仁德之事，为天下人所称道，正是"君子爱财，取之有道"的典范，被后世奉为财神。

〔原文〕 **善有善报，恶有恶报。不是不报，日子未到。**
万恶淫为首，百行孝当先。

〔白话〕 做好事会有好的报应，干坏事也会有坏的报应。不是不报应，只是时间还没到。各种罪恶之中以淫乱为首，各种行为当中以孝道为先。

⇒ 贪恋女色的帝王。

〔解读〕 前四句说善恶有报，后两句劝人戒淫行孝。中国古人将沉湎色欲视为耽害人生的重大问题。俗话说："酒是穿肠毒药，色是刮骨钢刀。"汉人枚乘《七发》中言："皓齿蛾眉，命曰伐性之斧。"《孝经》中载，曾子说："甚哉，孝之大也！"孔子说："夫孝，天之经也，地之义也，民之行也。"中国古人将孝道视为天经地义、人民应遵行的准则。

〔案例〕 在中国历史上，耽色误国、贪色亡国的君主比比皆是，夏桀宠妹（mò）喜，商纣宠妲己，周幽王因褒姒而烽火戏诸侯，唐玄宗宠杨妃后有安史之乱。美色被视为红颜祸水，隋炀帝杨广率军攻下陈朝首都建康（今江苏南京）后，贪恋陈后主宠妃张丽华的美色，要纳她为妾，大臣高颎引用古训阻止说："武王灭殷，杀了妲己。今平陈国，不宜娶张丽华！"下令将张丽华斩首。这事使杨广对高颎心生芥蒂。北齐后主高纬宠爱冯小怜，最后身死国灭。唐代诗人李商隐作《北齐》诗云："一笑相倾国便亡，何劳荆棘始堪伤。小怜玉体横陈夜，已报周师入晋阳。"

↑"五帝"之一的舜是孝道的典范。相传舜的父亲瞽叟及继母、异母弟象,多次想害死舜,舜并不记恨,仍对父母孝顺,对弟慈爱。舜的孝行远播四方,感动天地,"二十四孝"中首推舜的事迹。

甲骨文

金文

"孝"字在甲骨文和金文里,都表现了一个孩子搀扶着一位老人走路的样子。孝的本义是尽心尽力地奉养父母,同时要求无论在父母生前还是去世后,都要对父母保持敬爱感念的态度。

【原文】 # 人而无信，不知其可也。

【白话】 一个人如果不讲信用，真不知他还能干什么。

【解读】 孔子说："人而无信，不知其可也。"（一个人如果不讲信用，真不知他还能干什么。）常言道："心诚万里无阻，无信寸步难行。"讲守信用是一个人的立身之本，也是维系一个社会正常运行，不致崩溃的基础，是一个人的社会道德中最重要的道德品质之一。现代人说的契约精神，古人所说的"不信不立"，都把守信看作重中之重。

【案例】（1）商鞅在秦国实施变法，新法已经准备就绪，但还没公布，商鞅担心百姓对新法的信任感不足，就在国都市场的南门竖起一根三丈长的木头，招募百姓中能把木头搬到北门的人，承诺赏给十金。百姓觉得这件事很奇怪，没人敢动。商鞅进而宣布"能把木头搬到北门的人赏五十金"。有一个人把木头搬走了，商鞅当下就给了此人五十金，借此表明令出无欺，事后就颁布了新法。

（2）晋文公攻打原国，携带了十天的粮食，于是和大夫约定在十天内收兵。到达原国十天，却没有攻下原国，文公下令鸣金而退，收兵离开原国。有个从原国城中出来的士人说："原国三天内就可攻下了。"群臣近侍进谏说："原国城内已经粮食枯竭、力量耗尽了，君主暂且等

⇨ 商鞅立木。

陈元方不顾客。

一等吧。"文公说:"我和士人们约期十天,还不离开的话,那就失掉了我的信用。得到原国而失掉信用,我是不干的。"于是收兵离去。原国人听到此事后说:"像他那样守信用的君主,怎好不归顺呢?"就向晋文公投降了。卫国人听到此事后说:"像他那样守信用的君主,怎能不跟从他呢?"随后投降了晋文公。孔子听到后记下来说:"攻打原国而得到卫国,靠的是信用。"(出自《韩非子》)

(3)吴起出门,碰到了老朋友,就请人家一起吃饭。老朋友说:"好吧。马上就回来一起吃饭。"吴起说:"我等您来吃饭。"老朋友到晚上还没来,吴起不吃饭等着他。第二天早上,吴起派人去请老朋友。老朋友来了,吴起才吃饭(与朋友一起)。(出自《韩非子》)

(4)魏文侯和守山的人约定了打猎时间,第二天刮大风,左右近臣劝文侯不要去,文侯不听,说:"不可因风大就失掉信用,我不能那样立身行事。"于是亲自驾车前去,冒风告诉守山人打猎的事作罢。(出自《韩非子》)

(5)《世说新语·方正》载,陈太丘和朋友相约出行,约定中午会合。然而其朋友过了中午还没到,陈太丘就不再等候,自己走了。他走后朋友才到。陈太丘的儿子元方当时七岁,在门外玩耍。朋友问元方:"你父亲在吗?"元方答道:"等了您很久您没来,已经走了。"朋友生气地说道:"真不是人啊!和别人相约出行,却丢下别人自己走了。"元方说：“您与我父亲约在中午。中午您没到，就是不讲信用；当着孩子的面骂他父亲，就是没礼貌。”朋友觉得惭愧，下车去拉元方。元方头也不回地走进了家门。

（6）《清稗类钞》中载有这样一个故事：蔡璘，字勉旃（zhān），吴县人。他很注重诺言和责任，为人质朴讲情义。有一位朋友将很多钱寄放在他那里，没有立字据。后来这位朋友去世了，蔡璘召来朋友的儿子，把钱还给了他。

朋友的儿子感到惊讶，不敢接受，说：“哎呀，没有这件事呀，怎么会有寄放那么多钱而不立字据的人呢？况且，我的父亲也没有告诉过我这件事呀。”

蔡璘笑着说：“字据立在心中，不是立在纸上。你父亲了解我的为人，所以没有告诉你。”最后便用车子把钱运到其家中。

⇑ 蔡璘重诺。

【原文】 # 一人道虚，千人传实。

【白话】 一个人说的不实之言，经过很多人传来传去也就变成真事了。

三人市虎。

【解读】 传言总是越传越夸大，英人博恩《格言提包》中说："谣传就像河流，其起源处极狭窄，而下游却越来越宽阔。"当我们听到传闻传言，一定要加以审视，不可随便就相信。孔子说："众恶之，必察焉；众好之，必察焉。"（众人都厌恶他，一定要考察；大家都喜爱他，也一定要考察。）

【案例】《战国策·魏策二》载，庞葱要跟太子到邯郸去当人质。庞葱对魏王说："如果有一个人说集市上有老虎，大王相信这话吗？"魏王说："不相信。"庞葱又问："有两人说集市上有老虎，大王相信这话吗？"魏王说："我怀疑这说法了。""三个人说集市上有老虎，大王相信这话吗？"魏王说："我相信它了。"庞葱说："集市上没有老虎是很明白的事，然而三个人一说就成为有虎了。现在邯郸离大梁比到市场远得多，而议论我的人超过三个，希望大王能够明察他人的议论。"魏王说："我自能识别。"庞葱就辞别而去。此后，毁谤庞葱的话陆续传到魏王耳中。后来太子结束了人质的生活回国，而庞葱果真没有再受到魏王接见。

【相关名言】1.一些人捏造的东西总会被其他人加以夸大。（斯威夫特）2.谣言走得越远力量越大。（培根）

【原文】

年年防饥，夜夜防盗。
好学者如禾如稻，不好学者如蒿如草。

【白话】 每年都要防备闹饥荒，每天夜里都要提防盗贼。爱好学习的人如同禾苗稻谷受人重视，不爱学习的人像蒿草一样为人所轻贱。

【解读】 前两句讲防患于未然。后二句劝诫人们要好学上进，不可厌学自废。古人有评论说："学也好，不学也好，学者如禾如稻，不学者如蒿如草。如禾如稻兮，国之精粮，世之大宝。如蒿如草兮，耕者憎嫌，锄者烦恼。他日面墙，悔之已老。"

【案例】 （1）《续资治通鉴长编》载，宋太祖的性格谨严持重，不多说话，喜欢看书，即使在军队中也书卷随身，买书不惜金钱。后周显德年间，赵匡胤跟随世宗去平定淮河流域，有人向世宗打小报告说："赵匡胤攻下寿州后，私底下装了几车的东西，都是很重的货物。"世宗派人去查验这些货物，把大大小小的箱子都打开，里面只有几千卷书，并没有其他东西。世宗把赵匡胤叫来，说："你现在正在替我统领军队，开辟疆土，应当做好战争的准备，要那些书做什么？"赵匡胤磕头说道："我没有什么奇特的谋略，但是需要辅佐皇上，肩负重任，时常担心不能完成任务，所以收了这么多书，是想开阔自己的眼界，增长自己的智慧。"世宗说："这很好。"

⇒ 赵匡胤答周世宗问。

↑ 宋太宗开卷有益。

（2）宋太宗赵炅（jiǒng）喜读书，曾表示自己"他无所爱，但喜读书，多见古今成败，善者从之，不善者改之"。

太平兴国八年（983），《太平总类》（1000卷）基本修成，宋太宗宣布自十二月一日起每天看三卷。宰相宋琪等人劝太宗说："天寒景短，日阅三卷，恐圣躬罢倦。"太宗却说："朕性喜读书，颇得其趣。开卷有益，岂徒然也？"读了一些天后，诏令改书名为《太平御览》。次年的九月，宋太宗对宰相说："自去年冬末，日读御览三卷，未尝废阙，有故即追补之，已读八百余卷矣。""开卷有益"这个成语就由此而来。

【相关名言】1.学术者，人才之本也；人才者，政事之本也；政事者，民命之本也。无学术则无人才，无人才则无政事，无政事则无治平、无民命。（颜元）2.不学习的人，像不长谷物的荒地。（印度谚语）

〔原文〕

凡事要好，须问三老。
若争小可，便失大道。

〔白话〕 凡事要想办好，须向德高望重、经验丰富的老人请教。在一些小事上斤斤计较，便会失去大的格局与部署。

〔解读〕 中国文化有一些从氏族时代流传下来且影响深远的特质，比如家长制、血缘家族关系和祖先崇拜。血缘关系把众多小家庭编织成一个大家族，一切由辈分高的男性家长说了算，这种结构进而发展为国家结构。在古代中国，无论是对于国还是家，祭祀祖先都是最重要的事情之一。从某种角度来说，古代中国社会是一个"尚老社会"，年龄越大，辈分越高，权威也就越高。中国人十分重视老年人的经验，俗话说："不听老人言，吃亏在眼前。"

庸人与能成就大事的人的区别，除了毅力、眼光等因素外，忍耐力和胸襟也常常有所差异。庸人在小事上斤斤计较，争斗不休；成大事者高瞻远瞩，襟怀宽广，不拘小节。

〔相关名言〕1.家有一老，如有一宝。（中国谚语）2.小的尊重老的，是尊重历史；老的爱护小的，是爱护未来。（谈家桢）

凡事要好，须问三老。

〔原文〕 **遇饮酒时须饮酒，得高歌处且高歌。**

〔白话〕 逢遇可以饮酒言欢的时候便开怀畅饮，到了可以放声高歌的地方就放声高歌。

〔解读〕 此二句倡导人生当放开胸怀、快意豁达、畅然自适，表现出十分洒脱的态度。

⇐ 遇饮酒时须饮酒，得高歌处且高歌。

〔相关名言〕 1.君不见黄河之水天上来，奔流到海不复回。君不见高堂明镜悲白发，朝如青丝暮成雪。人生得意须尽欢，莫使金樽空对月。天生我材必有用，千金散尽还复来。（李白）2.劝君今夜须沉醉，尊前莫话明朝事。珍重主人心，酒深情亦深。须愁春漏短，莫诉金杯满。遇酒且呵呵，人生能几何。（韦庄）

【原文】

因风吹火，用力不多。

【白话】 借着风力吹火，无须用太大力气。

↑ 因风吹火，用力不多。

【解读】 此二句是说做事如果能借势借力，就能够事半功倍。《孟子》中说："虽有智慧，不如乘势；虽有镃基，不如待时。"（纵然有智慧，不如趁形势；纵然有大锄，不如待农时。）《韩非子》里也说，万物都有常态，应该因势利导。冬天里种庄稼，后稷也不能使它多产；丰年里庄稼长得旺盛，想让其枯败也不容易。

如果能顺应潮流、因风借力、因势而起，是可以加速成功的进程，达到四两拨千斤的效果的。但是也要避免因此形成投机取巧、懒于实践、守株待兔、好高骛远的思想和行为模式，在等待时机中白白浪费时间。世界上聪明人很多，你能看到和想到的机会、潮流和未来的趋势，大部分人都能看到和想到；更大的布局又非普通老百姓所能知晓，所以更为稳妥的是脚踏实地地做好实际工作，又不闭门造车，广泛地观察潮流、趋势和需求的所在。

【相关名言】1.人的行动也有时机，就像开船要趁涨潮。（莎士比亚）2.有多少生活中的不幸和坏运气只不过是因为没有看准时机。（阿瑟·戈森）

【原文】 # 不因渔父引，怎得见波涛。

【白话】 没有渔翁引导，怎能经风浪波涛开眼界。

【解读】 我们在人生中的各个阶段都需要有人引导，父母、老师、朋友、前辈、生命中的贵人等，如果没有比我们高明的人引导我们，我们将如何进步和成长呢？我们从书本和在接受教育的过程中所获得的知识，都是前人总结出的对大自然、社会与人生的认知的精华。所有这些让我们增长了知识、见识，开阔了我们的视野的人，都是我们的老师。我们就像牛顿所说，"站在巨人的肩膀上"。我们从事任何一个行业，无论事业的拓展还是人脉的获得，都需要有先辈的带领、汲引才能更快地得其要领、接近中心，如果只是一个人瞎碰乱撞，要走多少弯路、增加多少成本与浪费呢？

【案例】 在古代，步入仕途，得到仕途的升迁，都是需要有德高望重或身居高位的人荐举提拔，从汉代的察举孝廉茂才、魏晋南北朝时期的九品中正制，到唐、宋、明、清科举后的吏部铨选，无不如此。古人在求引荐的过程中留下了很多有名的文章、信札，如李白的《与韩荆州书》，韩愈的《后十九日复上宰相书》《后廿九日复上宰相书》《与于襄阳书》《与陈给事书》《应科目时与人书》等，均属此类。

↑ 古代士人干谒求举荐。

【原文】 **无求到处人情好，不饮任他酒价高。**

【白话】 不随便求助于人，人际关系自然就会好；不喝酒，任凭他酒价再高也与己无关。

⇑ 不饮任他酒价高。

【解读】《中庸》中言："正己而不求于人，则无怨，上不怨天，下不尤人。"（君子端正自己而不求人便无所怨恨，对上不怨恨天命，对下不归咎别人。）"无求到处人情好"中的"无求"，不仅仅指不随便求助于人，也指人的心中没有过多的贪欲贪求。酒在生产力低下的古代农业社会是生活中的享受品，在多数时间里价格不菲。这里的酒，可以理解为生活中的种种享受和诱惑，无论它们有多勾引人的欲望，只要我能自律自持，远离诱惑，那么它们价格再高、让人破财沉沦，又能奈我何？

【相关名言】1.你要记得，永远要愉快地多给别人，少从别人那里拿取。（高尔基）2.靠别人只能是暂时的，靠自己才是终生的。（缅甸谚语）

【原文】 # 知事少时烦恼少，识人多处是非多。

【白话】 知道的事情少，烦恼也就少；认识的人多，是非也就多。

⇑ 知事少时烦恼少，识人多处是非多。

【解读】 俗话说，眼不见为净，耳不听为清。对于干扰我们专注于自己的人生与事业的人和事，我们可以采取远离、隔断、关闭眼睛和耳朵的方法。但这并不是说我们应该闭目塞听，以消极自愚、自我蒙蔽、自欺欺人的态度来面对人生的种种境遇、压力和挑战，而是应该把时间和精力用于人生正道，用于学习、创造、工作、发展事业。认识好人，多多益善；做好事，多多益善。

人世纷纷扰扰，认识的人多了，交际多了，各种是非和复杂的人事关系也会相应地增多，凡事有利有弊，当有心理准备。

【相关名言】 1.桃色新闻与流言蜚语是茶点最甘美的添加剂。（菲尔丁）2.独处之有利于想象力的发挥，一如社交之有益于性格的培养。（洛厄尔）

【原文】 **世间好语书说尽，天下名山僧占多。**
入山不怕伤人虎，只怕人情两面刀。

【白话】 人世间的好话全让书本说尽了，天下的名山大半被寺庙所占据了。上山不怕伤害人的老虎，就怕人际关系中那些两面三刀的阴险小人。

【解读】 在人生旅途中，明面上的危险、挑战、对手，即便强大，人们都能有所准备，能够面对，怕的是口蜜腹剑、当面一套背后一套的阴险小人。明枪易躲，暗箭难防，两面三刀的人与事，是人们深恶痛绝的。

【案例】 成语中有"溜须拍马"一词，其中的"溜须"，典出北宋时的奸臣丁谓。丁谓善于逢迎附和、玩弄权术，他的升迁，得到名臣寇准的举荐。这是寇准识人上的失误。寇准、丁谓两人曾共进工作餐，寇准的胡须沾上了羹汁，丁谓忙为他拂拭干净。寇准开玩笑道："参政是国家大臣，倒为官长拂胡须吗？"丁谓由惭转恨。真宗朝后期，丁谓与宰相寇准很是对立，寇准建议真宗让太子监国，丁谓趁机诬告寇准密谋政变，使寇准罢相，从而夺取了首相之位。曾担任宰相的王钦若（也是奸臣）贬官外放河南府，有疾，请回京师就医。丁谓感到自己的地位会受到威胁，便派人给王钦若捎话，说皇上喜见他，只要请个假，不必等朝廷批准就可回京。等王钦若回京以后，丁谓却指责他擅离职守、目无法纪。王钦若随即被降官，丁谓则成功地扫除了权力竞争者。

⇒丁谓溜须，背地使坏。

【原文】 **强中更有强中手，恶人终受恶人磨。**

【白话】 强者上面还有更强的人，恶人自会有更恶的人来对付他。

【解读】 此二句一方面告诫人不要骄傲自满，一方面申明即便是人人惧怕的邪恶势力也不能无法无天，无论在什么时代，都会受到惩罚。

【案例】 （1）《三国演义》第五十六回描写了这样一个场面：操欲观武官比试弓箭，乃使近侍将西川红锦战袍一领，挂于垂杨枝上，下设一箭垛，以百步为界。分武官为两队：曹氏宗族俱穿红，其余将士俱穿绿，各带雕弓长箭，跨鞍勒马，听候指挥。操传令曰："有能射中箭垛红心者，即以锦袍赐之；如射不中，罚水一杯。"号令方下，红袍队中，一个少年将军骤马而出，众视之，乃曹休也。休飞马往来，奔驰三次，扣上箭，拽满弓，一箭射去，正中红心。金鼓齐鸣，众皆喝彩。曹操于台上望见大喜，曰："此吾家千里驹也！"方欲使人取锦袍与曹休，只见绿袍队中，一骑飞出，叫曰："丞相锦袍，合让俺外姓先取，宗族中不宜搀越。"操视其人，乃文聘也。众官曰："且看文仲业射法。"文聘拈弓纵马一箭，亦中红心。众皆喝彩，金鼓乱鸣。聘大呼曰："快取袍来！"只见红袍队中，又一将飞马而出，厉声曰："文烈先射，汝何得争夺？看我与你两个解箭！"拽满弓，一箭射去，也中红心。众人齐声喝彩。视其人，乃曹洪也。洪方欲取袍，只见绿袍队里又一将出，扬弓叫曰：

"你三人射法，何足为奇！看我射来！"众视之，乃张郃也。郃飞马翻身，背射一箭，也中红心。四枝箭齐齐地攒在红心里。众人都道："好射法！"郃曰："锦袍须该是我的！"言未毕，红袍队中一将飞马而出，大叫曰："汝翻身背射，何足称异！看我夺射红心！"众视之，乃夏侯渊也，渊骤马至界口，扭回身一箭射去，正在四箭当中，金鼓齐鸣。渊勒马按弓大叫曰："此箭可夺得锦袍么？"只见绿袍队里，一将应声而出，大叫："且留下锦袍与我徐晃！"渊曰："汝更有何射法，可夺我袍？"晃曰："汝夺射红心，不足为异。看我单取锦袍！"拈弓搭箭，遥望柳条射去，恰好射断柳条，锦袍坠地。徐晃飞取锦袍，披于身上，骤马至台前声喏曰："谢丞相袍！"曹操与众官无不称羡……

（2）周兴是武则天时期的酷吏。据《新唐书·周兴传》载，他陷害忠良，曾妄杀几千人。武后称帝后，任他为尚书左丞。天授年间，有人告发周兴与人串通谋反，武则天诏令酷吏来俊臣去审讯。当时，周兴还不知自己被告，与来俊臣相对吃饭。来俊臣说："审讯中很多犯人都不肯招供服罪，你看有什么办法？"周兴说："那还不容易，把犯人放在个大瓮里，周围用炭火烧，还有什么他不承认的？"来俊臣说："好办法。"当即命人取来大瓮和烧炽的炭火，慢悠悠地对周兴说："我奉诏令来审讯你，请你尝尝滋味吧。"周兴惊慌失措，叩头服罪。

⇑ 请君入瓮。

〔原文〕 **会使不在家豪富，风流不在着衣多。**

〔白话〕 善于使用钱财的人，即使家里并不富裕也能把日子过得风生水起。人的风采出众，并不在于穿了多少华丽的衣服。

〔解读〕《荀子·天论》中说："强本而节用，则天不能贫。""本荒而用侈，则天不能使之富。"善于开源节流、创造财富的人，即便本钱不多、家底不厚，也能通过勤俭和智慧走上富裕之路。风采出众的人，通常是因为精神气质、学识修养出众，腹有诗书气自华。如果一个人的精神世界是一片荒芜，他的内心龌龊阴暗，那么就是再华贵的衣服穿到他身上，又能有什么效果呢？

〔案例〕《史记·货殖列传》中记载的贩卖油脂的雍伯、卖水浆的张氏、磨刀的郅氏、卖羊肚的浊氏、给马治病的张里，他们都是起于小本经营，却通过专心做自己的行业而致富。《史记·司马相如列传》中的司马相如曾贫居临邛县，县中富户卓王孙在家中设宴邀请他。他到达宴会时，在座的客人无不惊羡于他的风采。在宴会上，司马相如弹奏琴曲，被卓王孙的女儿卓文君偷听到，她从门缝里偷偷看相如，心生爱慕之情，后来不顾相如贫寒，与之私奔。

← 卓文君听琴慕相如。

【原文】
光阴似箭，日月如梭。
天时不如地利，地利不如人和。

【白话】 光阴流逝似飞箭，日月交替如穿梭。季节、天气、时令等条件好，不如地理条件好；地理条件好，不如人们相互团结、万众一心好。

⇒晋阳保卫战。

【解读】 前两句感叹时间流逝之快。后两句出自《孟子》，孟子说："天时不如地利，地利不如人和。三里之城，七里之郭，环而攻之而不胜。夫环而攻之，必有得天时者矣；然而不胜者，是天时不如地利也。城非不高也，池非不深也，兵革非不坚利也，米粟非不多也，委而去之，是地利不如人和也。故曰：域民不以封疆之界，固国不以山溪之险，威天下不以兵革之利。得道者多助，失道者寡助。寡助之至，亲戚畔之；多助之至，天下顺之。以天下之所顺，攻亲戚之所畔，故君子有不战，战必胜矣。"俗话说，人心齐，泰山移，人心凝聚，众志成城。

【案例】 春秋末年，晋国的军政大权由列卿中的智氏把持。智氏的领袖智瑶要求列卿中的韩、魏两家割让领地，韩、魏给了他，他又要求赵氏割地，赵襄子拒绝不给。智瑶大怒，率领韩、魏两家攻打赵氏，将赵襄子围困在晋阳城。智瑶引水灌城，城墙头只差六尺没有被淹没，城内锅灶都被泡塌，青蛙孳生，人民仍没有背叛之意。正是因为民众同心，赵襄子才赢得了最后的胜利。

〔原文〕
黄金未为贵，安乐值钱多。
万般皆下品，唯有读书高。

〔白话〕 黄金算不上宝贵，只有平安快乐的生活才是宝贵的。世间一切行业都不如读书令人羡慕。

子曰：饭疏食，饮水，曲肱而枕之，乐亦在其中矣。

〔解读〕 孔子曾说："饭疏食，饮水，曲肱而枕之，乐亦在其中矣。不义而富且贵，于我如浮云。"（吃粗粮，喝清水，弯起胳膊当枕头，快乐就在其中。而通过不正当的途径得来的富贵，对于我来说如浮云一般。）中国古人认为人生之福有五，《尚书·洪范》中说："一曰寿，二曰富，三曰康宁，四曰修好德，五曰考终命。"人生的幸福与快乐，不能缺少必要的经济基础，但是并不意味有了充足的经济基础，就能够得到人生的幸福和快乐。"安乐值钱多"的"安乐"，更指人心的安宁与快乐，这种安宁与快乐，来自人的为人处世无愧于良心，来自充实而富于创造性的生活，来自对他人的善意与帮助。内心感到充实和安宁，因为自己活得有价值、有意义而感到的安乐，是多少金钱都换不来的。

古人认为读书最为高，今人已经摒弃这种观念，相信行行出状元。然而无论从事何种职业，都需要在其专业内广泛获取知识，用心钻研才能有成，这是不过时的。

【原文】

为善最乐，为恶难逃。
羊有跪乳之恩，鸦有反哺之义。

【白话】 经常做好事使人快乐，一旦做坏事罪责难逃。小羊跪着吃奶以报答母亲的恩情，小乌鸦有对老乌鸦反哺的情义。

⇒羊有跪乳之恩，鸦有反哺之义。

【解读】 亚当·斯密在《道德情操论》中阐释了这样的观点：人会因为他人的赞扬和肯定而感到满足和快乐，会因为他人的反感和责备感到不快和羞辱。人的天性中有乐于使其同胞愉快和不愿触犯其同胞的原始感情。然而人如果想得到真正的快乐和安慰，他必须做了真正值得称赞的事情，他人不知真情或无缘无故的赞扬是不可能带来真正的快乐的。当人做了罪恶的事情，即便是他人没有发现或责备他，他的内心还是会感到自责和耻辱。人的内心实际上受到怕人评判和良知法庭的双重审判。当然这些是针对有廉耻之心的人而言的。斯密补充说，蓄意犯某种可耻罪行的人，很少会感到这种罪行很不光彩，而惯于犯这种罪行的人，却几乎不会有任何可耻的感觉。

据说雏乌长大后，会衔食喂母乌，称为"反哺"。后二句是说，羊羔跪着吃奶，小乌鸦长大后反哺母乌，连羊羔和乌鸦尚且知道感恩父母，人如果做不到，岂不是连禽兽都不如？

〔原文〕 **孝顺还生孝顺子，忤逆还生忤逆儿。**
不信但看檐前水，点点滴滴旧窝池。

〔白话〕 孝顺的人生的孩子也孝顺，忤逆的人生的孩子也忤逆。不信就
看屋檐流下的水，点点滴滴都滴在一直以来的坑池里。

孝顺还生孝顺子，忤逆还生忤逆儿。

〔解读〕 前两句实际是在说父母言传身教的问题。父母是孩子人生中最
重要的老师，孩子的成长深受父母的影响。有人形容孩子是父母的镜子，
他们会"有样学样"，所以有"有其父必有其子"的俗语。父母要以身
作则，给孩子做好榜样。中国历史上的世代忠良孝子的例子不少。

〔案例〕 据《宋书》载，南朝宋人郭世道（《南史》作"郭世通"），会
稽永兴人，出生时便死了母亲，父亲再娶，郭世道伺候父亲和后母，
孝顺备至。他的仁厚的风格，在乡亲中风行。元嘉四年（427），朝廷
表彰他的孝行，免除他的租税，将他居住的地方改名为孝行里。郭世
道的儿子郭原平，字长恭，也具有仁孝的品行。父亲郭世道病重一年，
从冬到夏，郭原平衣不解带，不吃蔬菜，经历寒暑，也从来没有躺下
睡过觉。郭原平对父母养生送死，无微不至。太守赠米嘉奖他，他坚
辞不受，说："府君如果因我的孝义行为而给以赏赐，则不止我一个人
做得好，所以不能随便接受这种赏赐；如果因我贫穷衰老而馈赠，而
八九十岁的老人很多，家家都很贫困，并非只有我一个罢了。"

[原文] **隐恶扬善，执其两端。**

[白话] 不说别人的坏处，多说别人的好处。掌握正反两个极端，避免过与不及的状态。

[解读] 此二句出自《中庸》，孔子说："舜其大知也与！舜好问而好察迩言，隐恶而扬善，执其两端，用其中于民。其斯以为舜乎！"（舜帝可算是一个拥有大智慧的人吧！他乐于向别人请教，又善于分析别人浅近话语里的含意。他不谈别人的缺点而宣扬别人的优点，他度量"过"与"不及"两个极端的偏颇，用中庸之道引导人们。这就是舜之所以成为舜的原因吧！）

中庸之道讲求不偏不倚、恰到好处，中庸不是简单的折中主义，不是和稀泥，中庸坚持道义的原则，却能涵容万物，达到高度和谐的状态，"万物并育而不相害，道并行而不相悖"。

世界上的许多宗教与哲学都谈到中庸的状态，比如"中道"是佛陀释迦牟尼的核心教义之一。相对于中道的二边，包括有无、苦乐、爱憎、生灭等。佛陀主张远离二边，不偏于任何一方而行中正之道。佛陀的修道论，既不主张享乐，也不主张苦行，乃是不苦不乐的中庸之道。亚里士多德提倡"黄金中庸"，比如人既不能懦弱，也不能太过鲁莽，而要勇敢；既不能吝啬也不能挥霍，而要慷慨；等等。

⇒ 无过无不及，从容中道。

[原文]

妻贤夫祸少，子孝父心宽。

[白话] 妻子贤惠，丈夫的灾祸就少；儿子孝顺，父亲的心地就很宽畅。

[解读] "妻贤夫祸少"并非虚言，历史上，因为妻子的贤惠，对丈夫起到莫大的助力，帮助丈夫减少了很多灾患的例子不少，不谈平民百姓之家，在帝王之家，亦有如隋文帝独孤皇后、唐太宗长孙皇后、明太祖马皇后等典范，这些皇帝在贤妻在世之时都得其劝勉襄助之德，正妻死后都有不同程度的偏失正轨。这里仅说说长孙皇后的事迹。

[案例] （1）长孙皇后，其祖先出自北魏拓跋氏，她作风节俭朴素，喜读书。其兄长孙无忌对唐太宗有拥立之功，太宗打算任用他辅佐朝政，长孙皇后认为不妥，对太宗说："妾既已托身于紫宫，尊贵已到极点，实在不愿私亲再掌朝廷大权。汉代的吕氏、霍氏，可以作为前车之鉴。"太宗只好作罢。

有一次，唐太宗罢朝回到后宫，怒气冲冲地说："以后找机会一定杀了这个乡巴佬。"皇后问是谁惹怒太宗，太宗说："魏徵常在朝堂上羞辱我。"皇后退下，穿上朝服站在庭院内，太宗惊奇地问这是何故。皇后说："我听说君主开明则臣下正直，如今魏徵正直敢言，是因为陛下开明，我怎能不祝贺呢？"太宗转怒为喜。

← 长孙皇后祝贺君明臣直。

唐太宗身有疾病，多年不愈，长孙皇后精心侍候，常常昼夜不离身边。她随从太宗临幸九成宫时，正染疾在身，恰遇柴绍等人深夜有急事禀报，太宗身穿甲胄走出宫阁询问事由，长孙皇后抱病紧随其后，身边的侍臣劝阻皇后，她说："皇上已然震惊，我内心又怎么能安定下来？"于是病情加重。病情加重后，太子想奏请大赦，广度俗人出家修行，以祈福免灾。长孙皇后说："死生自有天命，非人力能够改变。如果做善事有福报，我从未做过恶事；如果做善事换不来福报，妄求何益！况且赦令是国家大事，佛、老都是异端之教，全是皇上不为之事，怎能因我之故搅乱天下之法！"太子因此不敢奏闻太宗。

长孙皇后临终时对太宗说，妾家因亲缘关系得到禄位，容易致祸，请不要交付权柄，只以外戚身份居闲职就足够了。妾生时无益于人，请求死后薄葬，愿陛下纳忠谏，黜谗言，减少游猎和百姓劳役，妾虽死无憾。她取出随身携带的毒药对太宗说，我曾发誓，万一陛下有个三长两短，我定以死相从。长孙皇后逝世时 36 岁。

（2）关于孝子的事迹，历代记载很多，这里说一个黄香"扇枕温衾"的故事：黄香，东汉江夏安陆人，九岁丧母，事父极孝。酷暑时为父亲扇凉枕席，寒冬时用身体为父亲温暖被褥。黄香少年时即博通经典，有文采，有"天下无双，江夏黄香"之名。汉安帝时任魏郡（今属河北）太守，魏郡遭受水灾，黄香尽其所有赈济灾民。其子黄琼、曾孙黄琬，都官至太尉，闻名天下。

⇒ 黄香为父亲扇凉枕席。

〔原文〕　　**人生知足何时足，人老为闲且是闲。**
　　　　　　　　但有绿杨堪系马，处处有路通长安。

〔白话〕　人生应该知足，可什么时候才满足呢？人到老年时闲下来才算是真正的清闲。只要有绿树就能拴马，到处有路可通往长安。

但有绿杨堪系马，处处有路通长安。

〔解读〕　在前文"知足常足，终身不辱"一篇中已经介绍过《道德经》中不少关于人要知足的内容，然而正如荀子所讲："人生而有欲，欲而不得，则不能无求。"亦如霍布斯、弗洛伊德等西方学者名家将欲望看作人性的基本特点。"人心不足蛇吞象"的现象确实时时发生在我们的身边和我们自己的身上，虽然借助于宗教、信仰、修养等方面的助力，能使人在一定程度上摆脱欲望的困扰，但是要想彻底清除人性中的贪欲是极为困难的，就好像鲁迅先生说的，人不可能抓着自己头发离开地球。孔子说："饮食男女，人之大欲存焉。"我们如果能够通过明晰事理、增加理智、加强自律、树立良好的信念与信仰等方式将欲望控制在合理的范畴之内就可以了。

　　后两句与西方谚语"条条大路通罗马"异曲同工，做成一件事的方法不止一种，通往成功之路也不止一条，只要心志坚定、锲而不舍，即便慢一点，总会达成所愿的。

〔原文〕 **见者易，学者难。莫将容易得，便作等闲看。**

〔白话〕 看上去容易，学着去做便知其中之难。不要把容易得到的就看得很平常。

〔解读〕 我们对很容易得到的东西，通常不珍视。比如出生于书香门第的子弟未必觉得书籍有多可贵，出生于豪富之家的子弟未必觉得金钱有多可贵。我们看他人的一些能耐，可能认为掌握并非难事，等到自己学习操作，才知道并不容易。人世间，哪有一点成功、技能、学识不是用很多汗水和辛劳换来的呢？

〔案例〕 "书圣"王羲之之子王献之，其书法与其父相比不遑多让，在书法史上与王羲之并称"二王"。民间有一个流传很广的王献之学书法的故事，说王献之十来岁时，自认为字写得不错了，一天，他去问父母，自己的字是不是再有个三五年就能写好了。王羲之带献之走到窗前，指着院内的一排大缸说："写完那十八缸水，你的字才会有筋有骨、有血有肉。"王献之听了心里不以为然，暗自下决心要显点本领给父母看。他苦练了五年。一天，他捧着自己认为满意的作品给父亲看。王羲之翻阅后没有作声，只在一个"大"字下面加一点，写成了"太"字，然后把字稿全部退还给献之。献之心中不是滋味，将习字作品抱给母亲看。母亲看过后说："唯有一点似羲之。"母亲说的这一点正是王羲之在大字下面加的那一点！献之很是惭愧，从此刻苦临习，勤奋不辍，日益精进，终于登堂入室，成为与父齐名的书法家。

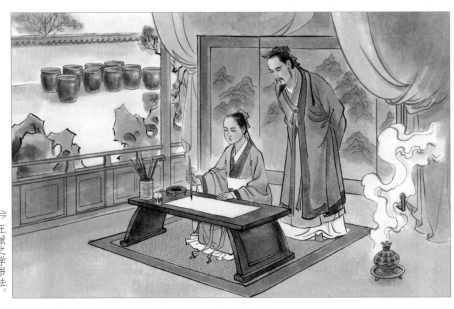

⇒ 王献之学书法。

【原文】 **用心计较般般错，退步思量事事宽。
道路各别，养家一般。**

【白话】 用心算计反而常常出错，退一步再考量，发现事情会变宽敞许多。每个人所走的道路各不相同，但目的都是养家糊口。

【解读】 前两句劝诫人莫计较，多宽容。后两句道破世情，虽然人们所从事的职业千差万别，但都是为了赚钱谋生。

⇐用心计较般般错，退步思量事事宽。

【案例】 北宋名相吕蒙正，为人宽厚大度，以正道自持，敢于直言进谏。他刚升任参知政事时，有一次进入朝堂，听见有朝臣在议论说："这小子也能来参政？"吕蒙正装作没听见走过，同僚却看不下去，正要诘问是谁出此言，却被吕蒙正一把制止住了。吕蒙正说："若知道那人姓名，就会终生不忘，既然如此，还是不要知道为好。"宋太宗曾感叹："吕蒙正气量，我不如也。"吕蒙正一生三次拜相，在宋朝屈指可数。

【相关名言】1.待人要宽和，世事要练达。(吴麟徵)2.退一步，海阔天空；让三分，风平浪静。(中国谚语)

由俭入奢易，由奢入俭难。

〔原文〕

〔白话〕 由俭朴到奢侈很容易，由奢侈再回到俭朴就难了。

〔解读〕 这两句出自司马光散文《训俭示康》。《训俭示康》是司马光写给其子司马康的，言语平白如话，质朴自然，情感真切，旨深意远，是不可多得的好文章，摘录如下：

吾本寒家，世以清白相承。吾性不喜华靡，自为乳儿，长者加以金银华美之服，辄羞赧弃去之。二十忝科名，闻喜宴独不戴花。同年曰："君赐不可违也。"乃簪一花。平生衣取蔽寒，食取充腹；亦不敢服垢弊以矫俗干名，但顺吾性而已。众人皆以奢靡为荣，吾心独以俭素为美。人皆嗤吾固陋，吾不以为病。应之曰："孔子称'与其不逊也宁固'，又曰'以约失之者鲜矣'，又曰'士志于道，而耻恶衣恶食者，未足与议也'。古人以俭为美德，今人乃以俭相诟病。嘻，异哉！"

…………

张文节为相，自奉养如为河阳掌书记时，所亲或规之曰："公今受俸不少，而自奉若此。公虽自信清约，外人颇有公孙布被之讥（西汉公孙弘身为丞相而盖布被，有人说他是沽名钓誉）。公宜少从众。"公叹曰："吾今日之俸，虽举家锦衣玉食，何患不能？顾人之常情，由俭入奢易，由奢入俭难。吾今日之俸岂能常有？身岂能常存？一旦异于今日，家人习奢已久，不能顿俭，必致失所。岂若吾居位、去位、身存、身亡，常如一日乎？"呜呼！大贤之深谋远虑，岂庸人所及哉！

⇒ 西汉丞相公孙弘节俭，每餐只吃一种荤菜和粗米饭。

⇑ 何曾日食万钱。

【案例】 西晋大臣何曾生活奢华，帷帐车服，穷极绮丽，其厨房所制作的馔（zhuàn）肴美味，胜过王侯之家。何曾每次参加晋帝举办的宫廷宴席，都不食用太官烹制的馔肴，认为不如自己家制的味美。何曾家中每天用于饮食的费用超过万钱，但他却还不满足。何曾如此奢侈，到了他的孙子这一代，就因为骄奢而荡尽家产。

【原文】

信了肚，卖了屋。
他人观花，不涉你目。他人碌碌，不涉你足。

【白话】 任由性子地大吃大喝，即便卖了房子也满足不了。别人看花，没有妨碍你的眼；别人忙碌，也没影响你走路。

⇑ 信了肚，卖了屋。

【解读】 前两句劝诫人莫要只顾满足口腹之欲。天天进用山珍海味、美酒佳肴，是可以把家吃穷的。北宋名臣寇准，《宋史·寇准传》中说他性情豪爽奢侈，喜欢开怀畅饮，经常设宴与宾客言欢。《训俭示康》中也提到了寇准来作为例证，说"近世寇莱公豪侈冠一时，然以功业大，人莫之非，子孙习其家风，今多穷困"（近代寇莱公豪华奢侈堪称第一，但因他的功劳业绩大，人们没有批评他，子孙习染他的这种家风，现在大多穷困了）。

后两句劝诫人管好自己的分内之事。人只有自立自强，才能在社会上立足，才能得到他人的尊重。他人无论做什么，都是他人的事，自己的路要自己走，自己的梦要自己圆。

⇑ 他人观花，不涉你目。他人碌碌，不涉你足。

【相关名言】1.一味追求食物精美是生活奢侈的标志，不愿再吃家常便饭是精神病症的预兆。（塞涅卡）2.饮食如不适可而止，厨师亦成下毒之人。（伏尔泰）3.无节制的欲望是一个儿童的事，而不是一个成人的事。（德谟克利特）4.没有能力驾驭自己，又怎么能统治别人呢？（拉伯雷）

【原文】 **知音说与知音听，不是知音莫与弹。**
点石化为金，人心犹未足。

【白话】 想说的话要说给能够理解自己的人听，不能够理解自己的人就不要和他谈。就算能够点石成金，有些人依旧欲壑难填。

【解读】 前两句旨在说人要与理解自己的人交流，后两句直指人内心的贪欲。有一个流传很广的、取材于希腊神话传说的童话故事，说古希腊有个国王，名叫麦德斯（美戴斯），他最喜欢金子，总祈祷神灵赐给他更多的金子。神灵看他这样迫切，于是真的给了他所触碰之物都会变成金子的能力。麦德斯起初欣喜若狂，可是很快就乐不起来了，因为他发现他碰到什么，什么就会变成金子。花儿变成了金子，面包变成了金子，牛奶变成了金子，他将如何正常生活呢？最后，连他最心爱的小女儿，因为他的触碰，也变成了金像。他近乎崩溃，于是虔诚悔过，神灵才让他不再点石成金，让他的生活恢复了原状。

【案例】 （1）中国历史上有一些皇帝，本已富有四海，但是仍然贪心不足，压榨百姓，赋敛无度，秦二世、隋炀帝、明神宗均属此类。以明神宗为例，他贵为一国之君，普天之下，莫非王土，却非常贪财，不断扩充自己的金库。他巧立名目增加税负，派出宦官担任矿监税使，四处搜刮民财，甚至直接挪用国库的钱财到自己的金库。所以后世有学者认为明亡实际亡于万历朝。

⇒点石化为金，人心犹未足。

贪

高山流水遇知音。

（2）俞伯牙与钟子期的故事见于《列子·汤问》，其中讲述说，伯牙善于弹琴，钟子期则善于欣赏音乐。伯牙弹琴时，其心念在于高山。子期听琴说："弹得真好啊！琴意峨峨如泰山！"伯牙思绪又及流水，子期听琴说："弹得真好啊！琴意洋洋如江河！"伯牙思之所及，子期都能从琴声中领会到伯牙的心志。这便是典故"高山流水"的出处，后人以之比喻知己或知音，也比喻乐曲高妙。

〔原文〕 **书到用时方恨少，事非经过不知难。**

〔白话〕 到了实际要使用的时候，才悔恨书读得太少；没有亲身经历过，就不知事情的艰难。

⇒ 书到用时方恨少。

〔解读〕 我们都有过这样的经历，平时总觉得读书累，学习难，然而无论在工作中还是与人交谈时，或者日常生活中的任何需要知识的时候，发觉自己的知识储备不够，才懊悔之前没有多读书，多积累知识。我们看别人取得一些在我们看来并不难取得的成绩，看到别人经历着一些在我们看来并不算艰难的逆境，等到我们自己去获得、去经历的时候，才明白其中的辛苦与不易，真的是"事非经过不知难"。

〔案例〕 1915年，袁世凯冒天下之大不韪，恢复帝制，自己当皇帝，引发了举国的讨伐，次年3月被迫取消帝制，因此忧郁成疾，1916年6月6日，因尿毒症不治而亡。据说他临终前留下遗书说："恨只恨我，读书时少，历事时多。今万方有事，皆由我起。帝制之误，苦我生灵，劳我将士，群情惶惑，商业凋零，如此结果，咎由自取。误我事小，误国事大，摸我心口，痛兮愧兮！"

〔相关名言〕 1.富贵必从勤苦得，男儿须读五车书。（杜甫）2.如果我读的书和其他人一样多，我就不会比他们懂得多。（霍布斯）

[原文]　**但行好事，莫问前程。**

[白话]　只要多做好事就行了，不用问前程如何。

[解读]　俗话说："吉人自有天相。"《荀子·宥坐》中言："为善者天报之以福，为不善者天报之以祸。"佛家理论有"善有善报、恶有恶报"之说。都是让人放心地去做好事，不用计较得失而自然有福报。

　　这里的好事，不但是乐善好施、助人为乐等内容，也包括自强不息、厚德载物、诚信无欺等内容。人在做好事的时候，他（她）的内心是自我认同的，不但能使他（她）精神安宁、愉悦、专注，而且使他（她）坚强有毅力，不会被困难打败。那么他（她）前程的光明是可以期待的，或者说，是必然的。

[案例]　"汉初三杰"之一的张良，曾在一座桥上遇一老者，老者把鞋扔到桥下，让张良捡上来给他穿上。张良见他年老，勉强忍着照做了。老人称张良"孺子可教"，传给他《太公兵法》，说："读此则为王者师矣。"张良不求回报地行好事，得到了意外的收获。

张良拾鞋。

[相关名言] 1.人而好善，福虽未至，祸其远矣。（曾参）2.每一次遵从美德行事，纵没有增加快乐，也可减轻焦虑。（边沁）

【原文】

河狭水急，人急计生。
明知山有虎，莫向虎山行。

【白话】 河道窄了水流自然就急，人处在危急时刻自然会想出办法来。明知道山中有猛虎，就不要再上山了。

【解读】 有成语"急中生智"，是形容人在紧急的情形下，其潜藏能力容易被激发，常常能产生惊人的智慧、能量、力量、勇气等，这是基于人天赋的求生本能和应急机制。但是如果平时没有一定的知识储备，没有能力、体力、胆识等方面的训练，急中不一定能生智，更可能出现惊慌失措、手足无措的情况。

【案例】《宋史·司马光传》载，司马光七岁便爱好读书，才智超群，有成人的举止风范。他曾经与一群儿童在庭院里游戏，一个孩子登上水缸，足下打滑掉入水中，其他孩子都跑开了，只有司马光搬起石头将缸砸破，水流了出来，落水的小孩儿因此得救。

"明知山有虎，莫向虎山行"是劝诫人们要懂得规避危及身家性命的风险，不要知险而以身犯险。

⇑ 司马光砸缸救人。

↑ 明知山有虎，莫向虎山行。

【相关名言】1.君子不立于危墙之下。（中国谚语）2.多疑与审慎是安全之父母。（富
兰克林）

【原文】

路不行不到，事不为不成。
人不劝不善，钟不打不鸣。

【白话】 有路不走就到达不了目的地，事情不做就不可能成功。人不劝导不会学好，就像钟不敲打不会响一样。

⇒ 路不行不到，事不为不成。

【解读】 清代彭端淑《为学一首示子侄》中言："天下事有难易乎？为之，则难者亦易矣；不为，则易者亦难矣。人之为学有难易乎？学之，则难者亦易矣；不学，则易者亦难矣。"人在日常生活中，应勇于实践、勤于实干，少做无谓的空想。任何事情，只有去做了，才能知道其中的深浅，知悉其中的实际情况，才知道应该往哪个方向努力。即便是遇到挫折，也能够从中吸取教训，增长经验，这些都是通向成功必不可少的基础。我们遇到的困难多，说明事情正走在正轨上，什么都不做当然也就不会遇到困难，当然也谈不上成功。

无论是荀子的性恶论，还是西方哲学中的人性基于欲望的理论，都谈到了人的欲望所遵从的"快乐原则"，就是无条件地要求快乐和满足欲望。许多哲学家和心理学家早已发现，人类行为在很大程度上都是趋乐避苦所致。因此，想要让充满欲望和自私的人的行为符合道德的原则，是需要教育和法律的约束的。

【原文】

无钱方断酒，临老始看经。
点塔七层，不如暗处一灯。

【白话】 没钱的时候才想到戒酒，年纪老了才开始读经书，这时候已经晚了。把七层宝塔的灯都点亮，不如在黑暗处点亮一盏灯。

≪ 点塔七层，不如暗处一灯。

【解读】 前两句旨在劝人对于该做的事及早行动，莫拖到不得已而为之，被动落魄，令人沮丧。

佛教以慈悲为怀，讲的是普度众生，如果让佛、菩萨来评判，点亮七层宝塔的功德，应该也不如在黑暗中为失去光明的人点亮一盏灯的功德大。我们对于真善美的崇敬，对于他人的同情与善心，不应只流于外表形式的虚张声势，而应有切实用心的行动，让真善美得到真正的发扬，让需要得到帮助的人真正得到帮助。雪中送炭，雨中送伞，即便能力微小，也足以让人感怀在心，给自己积累福报。

【相关名言】 1.莫负青春取自惭。（于谦）2.最严重的浪费就是时间的浪费。（布封）

【原文】 **堂上二老是活佛，何用灵山朝世尊。**
万事劝人休瞒昧，举头三尺有神明。

【白话】 堂上二老双亲就是活佛，何必非要远去灵山朝拜佛陀。奉劝人们凡事不要想着欺瞒哄骗，举头三尺有神明（神明看得一清二楚）。

⇒堂上二老是活佛，何用灵山朝世尊。

【解读】 前两句是劝导人们要孝敬父母。实际上，不单是在中国，在世界各国的文化中，基本都有孝敬父母的传统，《圣经》"十诫"中对人有孝敬父母的要求，《古兰经》中对人亦有孝敬父母的要求，佛经中也将孝敬父母视为无量福德。

中国古人有崇信鬼神的传统，尤其以相信上天有灵和祖先有灵为特点。中国古人相信上天和祖先之灵明察人世的一切，并且能够干预人事、赏善罚恶。对于中国人的鬼神观的比较早而且明确、系统的论述，可见《墨子·明鬼》。在文中，墨子相信鬼神的存在，相信鬼神会赏善罚恶有助于天下大治，并列举了不少历史和传说以证明鬼神的存在。这里仅做摘译：

墨子说，自三代的圣王死后，诸侯用暴力相互征伐，君臣上下做不到仁惠忠诚，父子弟兄不慈爱孝悌，执政者不努力听政治国，平民不努力做事，人们做出了淫暴、寇乱、盗贼之事，以至于天下大乱，其中是什么缘故呢？那都是因为大家对有无鬼神存在疑惑，对鬼神能够赏贤罚暴存在疑惑。假若天下的人都相信鬼神能够赏贤罚暴，那么天下岂会混乱？周宣王杀了无辜的臣子杜伯，后来周宣王会合诸侯在圃田打猎，猎车数百辆，随从数千人，太阳正中时，杜伯乘坐白马素车，穿着红衣，拿着红弓，追赶周宣王，向他射箭，宣王心脏中箭而死，在场的所有人都看到了，这事记载在周朝的《春秋》上。做君上的以此教导臣下，做父亲的以此警诫儿子，说："警戒呀！谨慎呀！凡是杀害无罪的人，必得到不祥后果。鬼神的惩罚如此惨痛快速。"（其后墨子又列举了若干鬼神报应的例子，并得出以下结论。）

墨子说，即使有深溪老林、幽涧无人之所，行为也不可不谨慎，都有鬼神在监视着。相信鬼神会赏贤罚暴，这是可用以治理国家、利益万民的大道。人不能倚恃幽林深谷而为非作歹，鬼神之明一定能洞知他。人不能倚仗富贵强悍、人多势大、坚甲利兵而有恃无恐，鬼神之罚必能战胜他。假若认为不是这样，那么请看从前的夏桀，贵为天子，富有天下，对上咒骂天帝、侮辱鬼神，对下祸害残杀天下万民，抗拒上天之道，所以在此时上天就使商汤对他加以惩罚。（之后墨子又举了武王伐纣的事例，说明无法倚仗富贵权势、坚甲利兵来抵制鬼神的惩罚。）《禽艾》上说："积善得福，不嫌微贱；积恶灭宗，不避高贵。"

← 中国先民崇信鬼神。

［原文］ # 但存方寸地，留与子孙耕。

［白话］ 要留下适当的土地供子孙们耕种。

［解读］ 这则贤文是劝告人们应该为子孙后代打下一些基础，不要在死前把家产挥霍一空，不要在这一代把资源挥霍殆尽。虽然说子孙应该勤劳奋斗、自食其力，但是我们都知道，任何文明的形成、事业的壮大、技术的进步，绝非一两代人能完成。世界上的著名企业，很多都有悠久的历史，德国的西门子、奔驰、宝马，日本的川崎重工、三菱重工、东芝、松下，美国的通用电气、宝洁、波音等都是百年以上的企业，所以要为子孙后代打下一些基础，留下能够持续发展的资源。

［案例］《古文观止》中收录了宋人钱公辅写的《义田记》，记载和赞颂了范仲淹购买义田供养周济族人的义举。范仲淹显贵时，购置了靠近城郭而且常年有好收成的田地千亩，称作"义田"，用来供养周济全族的人，使他们有饭吃，有衣穿，婚丧嫁娶有所资助和贴补，又建义学为族中子弟提供免费教育。范仲淹的义田、义学开启了中国民间自发的慈善保障机构和义务教育的先河，对后世影响深远。范氏家族长盛不衰，到清末时，义田已经被范氏子孙扩大到五千余亩。

⇑ 但存方寸地，留与子孙耕。

【原文】 **灭却心头火，剔起佛前灯。**

【白话】 熄灭心头的怒火，剔亮佛前的青灯。

【解读】 这则贤文劝人修身养性。佛家以贪、嗔、痴为"三毒""三火"，认为此三毒残害身心，使人沉沦于生死轮回，为恶之根源。嗔，是嗔怒、仇恨、怨怼之意。

⇑ 灭却心头火，剔起佛前灯。

【原文】

惺惺常不足，懵懵作公卿。

【白话】 聪明机灵的人常常不如意，糊里糊涂的人竟然做了高官。

【解读】 惺惺指聪明、机灵的人，懵懵指糊里糊涂的人。聪明机灵的人有能力，但是常常失之于过于精明、锋芒毕露，在很多时候，宽厚涵容、不瞎折腾更适合公卿的高位。从社会运转、发展的角度来看，百姓各从其业，经济根据供需关系自然地运行，虽然也需要宏观的管理和调控，但是历史上出现的国计民生的急剧下滑常常是人为的过度干预和瞎折腾的结果。西汉桑弘羊、北宋王安石的经济政策都有此类之嫌。从事上待下、人际相处的角度看，宽厚涵容比聪明伶俐更容易得到不错的人际关系。

【案例】（1）西汉开国功臣曹参接替萧何做了相国以后，做事情一概遵循萧何制定的法度，没有任何变更。他挑选质朴而不善文辞的厚道人做属官，对官吏中那些舞文弄法、沽名钓誉的人，就斥退撵走他们。曹参自己整天饮酒，官吏、宾客们见曹参不理政事，前来相劝，曹参就立即拿美酒给他们喝，直到他们喝醉，没有劝说的机会。汉惠帝埋怨曹参不理政事，便让曹参的儿子曹窋（zhú）去规劝父亲，曹参听了

↑ 曹参无为于政，请宾客饮酒。

←李昉宽厚。

大怒，打了曹窋，说："国家大事不是你应该说的。"到上朝的时候，惠帝责备曹参说："为什么要惩治曹窋？是我让他规劝您的。"曹参谢罪说："请陛下仔细考虑一下，在圣明英武上，您和高帝谁强？"惠帝说："我怎么敢跟先帝相比呢！"曹参说："陛下看我和萧何谁更贤能？"惠帝说："您好像不如萧何。"曹参说："陛下说得很对。高帝与萧何平定了天下，法令已经明确，如今陛下垂衣拱手，我等谨守各自的职责，遵循原有的法度而无疏失，不就行了吗？"惠帝表示认同。

　　曹参做相国三年，奉行宽简无为的做法，萧规曹随，百姓得以休养生息，国家安宁不乱。

　　（2）北宋名臣李昉（fǎng）为人宽厚温和，卢多逊在做宰相时常在宋太宗面前说李昉坏话，有人告诉李昉卢多逊诋毁他的事，他总不相信。李昉当宰相以后，并没有因为卢多逊倒台而落井下石，反而为他开脱。太宗告诉他，卢多逊平时诋毁你不值一钱，李昉才知道真相，而太宗越加认为他是忠厚长者。

【原文】 **众星朗朗，不如孤月独明。**

【白话】 众多的星星再耀眼，也比不上一个月亮明亮。

⇨ 众星朗朗，不如孤月独明。

【解读】 "众星朗朗，不如孤月独明"的说法，初听起来似乎有提倡个人主义，忽视集体主义的倾向，然而却有其符合现实的情况。这就好比我们提出一个问题，人常说"三个臭皮匠顶个诸葛亮"，我们不禁要问："三个臭皮匠到底能不能顶一个诸葛亮？能顶一个牛顿吗？能顶一个爱因斯坦吗？一千个可不可以顶得上？"人类社会发展过程中陆续涌现出一些杰出人物，这些人物的智慧、品格、见识超出常人，正是他们带领人类走向更高的发展阶段。我们并不是说集体的智慧和力量不重要，我们只是在谈实际中的现象。很多的知名企业，它们的创始都是一个人主导，微软的比尔·盖茨，苹果的乔布斯，福特汽车的亨利·福特，他们不但是发明创造家，也是英明的决策者。如果一个企业的思路众说纷纭，管理令出多门，那么这个企业能够有目标、专注地发展吗？我们可以设想一下，在我们做创作、搞设计、创业的过程中，能够得到伙伴的通力合作当然是好的，但是意见的分歧、想法的有别、决策上的争执会不会影响我们智慧的最大发挥？会不会影响到我们心境的安宁、精神的专注？所以"众星朗朗""孤月独明"不应是非此即彼的选择，而应该根据实际情况采用适合我们的方式。

〔原文〕

兄弟相害，不如友生。
合理可作，小利莫争。

〔白话〕 兄弟间若互相残害，还不如朋友之情。合情合理的事可以做，
蝇头小利就不要去争夺了。

〔解读〕 俗话说："打虎亲兄弟，上阵父子兵。"兄弟本应相亲相爱、情
同手足，但是在现实中，因为利益之争导致兄弟反目的事情常见，权力、
利益争夺最为激烈的帝王之家，兄弟相残、亲人相害的事情比比皆是。
西晋的八王之乱、南朝刘宋皇室的骨肉相残、清代雍正皇帝兄弟间的
残酷斗争都让人触目惊心。就是作为千古明君的唐太宗，也有"玄武
门之变"的兄弟阋（xì）墙。《世说新语·文学》载，魏文帝曹丕曾经
命令东阿王曹植在七步之内作成一首诗，作不出的话，就要动用死刑。
曹植应声便作成一诗："煮豆持作羹，漉菽以为汁。其在釜下燃，豆在
釜中泣。本自同根生，相煎何太急！"魏文帝听了深感惭愧。

　　后两句劝人做合情合理的事，不争小利。白居易《对酒》诗云："蜗
牛角上争何事？石火光中寄此身。随富随贫且欢乐，不开口笑是痴人。"

⇑ 曹植赋《七步诗》。

〔相关名言〕 1.兄弟须和顺，叔侄莫轻欺。（王梵志） 2.兄弟不信，则其情不亲。（武则天）

【原文】 **牡丹花好空入目，枣花虽小结实成。**

【白话】 牡丹花虽好但只能供观赏，枣花虽小却能结出果实。

⇑ 牡丹花好空入目，枣花虽小结实成。

【解读】 这则贤文借牡丹花和枣花的对比来赞扬做实事、见实效的人。有一个成语叫作"华而不实"，"华"是花，"实"是果实，"华而不实"批评的是只有华丽的外表或动人的表现，而不做实事的人。实实在在的事，哪怕做成一个两个，哪怕是小事，也能给社会、给他人带来实实在在的利益，这就是有益于社会，有益于他人的实惠，比徒有其表的华丽动人要强得多。没有实实在在的业绩和贡献，对社会和他人没有真实的益处，即便外在华美，最后也会被人识破，遭人厌弃。

当然牡丹的观赏价值也是很实在的价值，而且牡丹还有药用，本则只是借象喻理，不是贬低牡丹。

【案例】 西晋末年的名士、重臣王衍，出身当时的高门琅琊王氏。他儿时曾被带着去拜访名士、大臣山涛，山涛感叹说："不知道是哪位老妇人，竟然生出这样可人的儿子！然而误天下苍生者，未必就不是此子。"

王衍长大成人后外表俊秀，风姿文雅，才思敏捷，才华横溢，擅长讲谈玄学玄理，为当时的士人所推崇，声誉名气很大。"竹林七贤"之一的王戎曾赞他"神姿高彻，如瑶林琼树，自然是风尘外物（如尘世之外的人物）"，王敦称赞他处在人群之中，犹如明珠美玉落在瓦片石块之间。王衍曾至羊祜处，言辞清晰明辨，然而羊祜对他并不赞赏，王衍拂衣而去。羊祜对宾客们说："王衍应当能以极大的名声达到高位，然而败坏风俗、损伤教化的必定是他。"

王衍以谈《老子》《庄子》为能事，常常拿着玉柄麈（zhǔ）尾，对《老子》《庄子》中他认为不妥的义理，随口加以更改，世人称他"口中雌黄"。因他屡居显要官职（官至太尉），引领世风，后进之士莫不仰慕仿效，致使自命清高、虚浮荒诞成为一代风气。

王衍的女儿是愍（mǐn）怀太子司马遹（yù）之妃，太子被贾后陷害时，王衍怕惹祸上身，上表请求解除婚约。王衍虽然担负宰相的重任，但却不认真考虑国家的治理，只想方设法保全自己。他让弟弟王澄为荆州刺史，族弟王敦为青州刺史，认为两个弟弟在外镇守重地，自己留在京师，算得上狡兔三窟。时人鄙夷他苟且不义。

永嘉五年（311），众人推举王衍为晋军元帅，不久，晋军就被石勒军打得全军覆没。石勒俘虏了王衍，称他为王公，向他询问晋失败的原因，王衍娓娓而谈，石勒很喜欢，和他谈了很长时间。王衍又说自己从小就远离世事，只想避免祸害，又劝石勒称帝。石勒大怒说："君名盖四海，身居重位，少壮时即入朝做官，直到白首，怎能说远离世事呢！破坏天下，正是你的罪。"于是使人在夜间推倒墙把他压死了。王衍将死时，望着旁边的人说："唉！我们这些人，往日若不崇尚虚浮，努力匡扶天下，也不至于有今日之事发生。"王衍死时 56 岁。

王衍玄谈。

【原文】**欺老莫欺少，欺少心不明。**

【白话】宁可欺负大人，不要欺负小孩子，欺负小孩子是不明事理。

【解读】此处的"欺"可以当欺骗讲。如果一个人，已经堕落到欺骗满心单纯、涉世不深的年少的人，那这个人已近良心泯灭。

此处的"欺"也可以当欺负、欺辱讲。俗话说："莫欺少年贫，莫嫌老来丑（指妻子）。"少年人的前途不可限量，对于曾经风雨同舟的妻子，又怎能嫌弃她衰老后容颜不再？

【案例】《韩非子》中记载了这样一则故事：曾子的妻子要到集市去，她的儿子一边跟着她一边哭。曾子的妻子说："你回去，等我回家后给你杀一头猪。"等她从集市回来，看到曾子正要杀猪。妻子制止他说："我只不过是与小孩子开玩笑罢了。"曾子说："小孩子是不能和他开玩笑的。小孩子是不懂事的，会学父母的样子，听从父母的教导。现在你欺骗他，是教他欺骗。母亲欺骗儿子，儿子就不会相信母亲，这不是教育孩子该用的办法。"于是杀猪煮肉吃。

⇒ 曾子杀彘（zhì）。

【相关名言】1.大鹏一日同风起，扶摇直上九万里。假令风歇时下来，犹能簸却沧溟水。世人见我恒殊调，闻余大言皆冷笑。宣父犹能畏后生，丈夫未可轻年少。（李白）
2.当我们开始行骗的时候，我们就在编织着一张自缚的罗网。（司各特）

【原文】 **随分耕锄收地利，他时饱暖谢苍天。**

【白话】 尽力耕种以获得好收成，吃饱穿暖时别忘了感谢苍天保佑。

⇑ 随分耕锄收地利，他时饱暖谢苍天。

【解读】 古代中国是农业社会，人们靠天吃饭。风调雨顺，庄稼丰收，人们就丰衣足食；遇到旱、涝、虫害等自然灾害，庄稼歉收，人们就忍饥挨饿。关于自然原因对人们生活的影响，中国古人从很早的时候就有一定的认识，《荀子·天论》中说，如果人能强本节用，遵行正道，那么"水旱不能使之饥，寒暑不能使之疾"；如果人荒废生产，奢侈浪费，违背道义胡作非为，那么"水旱未至而饥，寒暑未薄而疾"。中国古人虽然有这样的认识，但是他们依然对未知充满敬畏，对自己的收获、所得怀有感恩之情，并不将之全部归功于自己。

我们在日常的为人处世中也应意识到，自己的任何成绩都不仅仅是自己的功劳，要记得那些曾经帮助过自己的人，即便是单纯因为运气好而有所获得，也要懂得感恩，懂得分享自己的所得，回报一些给社会。哪怕只是为了能够保持好运，也应该有这样的意识。不知敬畏、不懂感恩、不知回报的人，如何能期待他有更加幸运和光明的明天呢？

【相关名言】1.丑恶的海怪也比不上忘恩的儿女那样可怕。（莎士比亚）2.滴水之恩当涌泉相报。（中国谚语）

〔原文〕 **得忍且忍，得耐且耐；不忍不耐，小事成大。**
相论逞英豪，家计渐渐消。

〔白话〕 能忍就忍下，能耐就耐住，不忍不耐，小事也会变成大事。相
互攀比、争斗、逞强，家道就会渐渐衰落下去。

〔解读〕 忍耐是人生必要的修养。在日常的生活中，需要我们忍耐的事
情随处随时都有——在学未有所成的时候需要我们忍耐辛苦勤奋学习，
在事业未有所成的时候需要我们忍耐艰辛、忍辱负重勤奋工作，在人
际交往中需要我们忍耐种种的不合己意以取得人缘，在机遇未到时需
要我们忍耐以等待时机……人生不如意事十有八九，因为宇宙和社会
生活不是为我们个人设计的，主观愿望和客观情况一致的时候不多，
所以，学会忍耐，才能有所发展。

在人生的境遇中，因为不能忍耐而造成不利局面的事情不断发
生——因为一时的争抢而造成对生命的伤害，因为一时的愤怒造成无
可挽回的后果，因为一时的冲动而造成全局的失败，因为小事上不能
忍耐而酿成大的灾祸……人们常常在事后慨叹："当时要是能忍耐一下
该多好！"我们应时时提醒自己戒急用忍才对。

无论是在一个家庭内，还是在一个集体中，无论是在夫妻之间，
还是在亲戚之间，相互逞强、争斗、攀比，会造成彼此间的隔阂、矛

盾与冲突，家庭、集体的整体发展和运势也因之衰落、停滞乃至崩溃。想要避免此类情况，就应增加彼此的关爱与理解、包容与体谅。

【案例】（1）汉光武帝刘秀早年与兄刘縯（yǎn）起兵加入绿林起义军，公元23年，绿林军拥戴刘玄为帝（更始帝），后来刘秀在昆阳之战中立下大功，更始帝因为刘氏兄弟威名日盛而心生疑忌，诛杀了刘秀的兄长刘縯。刘秀听到这个消息，强忍悲痛，急忙返回宛城向更始帝谢罪。他不与刘縯部下谈一句私话，不夸耀在昆阳的战功，不敢为刘縯服丧，唯有深自责备而已，虽饮食言笑如常，但不吃酒肉，枕席上常有悲泣的泪痕。刘玄因此惭愧，任命刘秀当破虏大将军，封武信侯，并最终派刘秀北渡黄河，镇抚慰问各州郡。刘秀从此如虎入山林，不断壮大势力，最终平定天下，建立东汉。

（2）导致西晋灭亡的"八王之乱"，是一场皇族为争夺权力而引发的内乱，历时16年。主要参与者汝南王司马亮、楚王司马玮、赵王司马伦、齐王司马冏（jiǒng）、长沙王司马乂（yì）、成都王司马颖、河间王司马颙（yóng）、东海王司马越八王，谁也不服谁掌握大权，相互争斗、逞强，骨肉相残极为惨烈。北方少数民族趁机而起，使之后的中原北方进入十六国时期。

◄ 西晋八王之乱，惨烈的手足相残。

【相关名言】1.忍受是痛苦的，但它结出的果实是甜美的。（卢梭）2.忍耐、刻苦、祈祷、希望，这些真理但愿全人类永志不忘。（陀思妥耶夫斯基）

〔原文〕

贤妇令夫贵，恶妇令夫败。

〔白话〕贤惠的妻子能助丈夫富贵，不贤惠的妻子能令丈夫失败。

⇒贤妇令夫贵，恶妇令夫败。

〔解读〕家有贤妻，能够对丈夫的发展给予极大的支持和助力；妻子恶毒不贤惠，对于丈夫来讲是灾难，一切都会受到严重的不良影响。

〔案例〕（1）独孤皇后嫁给隋文帝杨坚时年仅 14 岁，她柔顺恭孝，恪守妇道。她不但贤惠，而且有过人的见识。史载她"雅好读书，识达今古"，常为丈夫分析形势，安慰和鼓励丈夫。独孤皇后在辅助杨坚建功立业、安邦定国，达成"开皇之治"的过程中功不可没。

（2）明太祖朱元璋结发妻子马皇后，和朱元璋感情深厚，追随他南征北战，全心辅助。她曾负责朱元璋往来文书，做得井井有条；又常劝朱元璋宽厚待下，不要扰民、不要滥杀。她亲手为将士缝衣做鞋，拿出自己的财物犒赏将士，对朱元璋的缺失之处常能婉言劝谏。马皇后于洪武十五年（1382）病故，是朱元璋的情感与事业的大损失。

（3）历史上著名的"恶妇"也不乏其人，比如晋惠帝皇后贾南风貌丑而性妒，因惠帝懦弱而专权，是"八王之乱"的罪魁祸首。再如秦桧妻子王氏，对秦桧诬陷构害岳飞的行为不但不加规劝，反而助纣为虐，夫妇二人至今为人所痛恨唾骂。

〔相关名言〕1.好妻子造就好丈夫。（海伍德）2.家有恶妻如在地狱落籍。（英国谚语）

[原文]　　　　　　# 人老心不老，人穷志不穷。

[白话]　人老了但壮心不能老，人虽穷但志气不能穷。

[解读]　即便年纪大了，只要还有一颗年轻的心，那么人就依然精神焕发；即便身处困境，只要还有志气和志向，成功便是迟早的事。

[案例]《后汉书·马援传》载，马援是扶风茂陵人，十二岁时，父亲就去世了。马援少有大志，成年后更具气概豪情，他常和宾客说："丈夫为志，穷当益坚，老当益壮。"（大丈夫的志气，应当在穷困时更加坚定，年老时更加壮烈。）

　　建武二十四年（48），南方武陵蛮人暴动，马援请求出征，光武帝怜他年迈，不肯应允。马援说："我还能够身穿盔甲，上马驰骋。"光武帝命他一试身手。马援跨在鞍上，转身回视，以示仍可征战。光武帝笑道："好一位精神矍铄的老翁啊！"于是派马援带领中郎将马武、耿舒等率四万余众进军武陵。

⇑ 马援老当益壮。

[相关名言] 1.老骥伏枥（lì），志在千里。烈士暮年，壮心不已。（曹操《龟虽寿》）2.老当益壮，宁移白首之心；穷且益坚，不坠青云之志。（王勃《滕王阁序》）

一人有庆，兆民咸赖。

〔原文〕

〔白话〕 一个人做出了善绩，许多人都会因此受惠得益。

〔解读〕 "一人有庆，兆民咸赖"出自《尚书·吕刑》，是周王告诫诸侯和治民官们，应当勤勉、慎刑，治民者一人有了善绩，万民都受益。

《大学》中说："一家仁，一国兴仁；一家让，一国兴让；一人贪戾，一国作乱。其机如此。此谓一言偾（fèn）事，一人定国。尧、舜帅天下以仁而民从之。桀、纣帅天下以暴而民从之。"（国君一家能够践行仁爱，仁爱就会在一个国家里盛行起来；国君一家能够践行礼让，礼让就会在一个国家里盛行起来；要是国君自己贪婪暴戾，那么一国的人也会跟着作乱。国君所作所为的关键作用竟如此的重要。这就叫作一句话可以败坏事业，一个人的行为可以安定国家。尧、舜用仁政统率天下，于是人民就跟随着仁爱；桀、纣以暴政统率天下，那么人民也就跟他们一样不讲仁爱。）

⇑ 一人有庆，兆民咸赖。

⇑ 民众送别杨简。

　　在中国古代，社会的情况受执政者的影响很大，孟子说："是以唯仁者宜在高位，不仁而在高位，是播其恶于众也。"（所以只有仁人才适宜处在高位上；如果不仁爱的人处在高位上，这就等于把他的邪恶散播到群众中去。）

【案例】据《宋史》载，宋朝的学者、官员杨简，做官以廉洁俭朴自持，他常说："我怎么敢以民脂民膏自肥呢！"他任地方官，所在地方的民众和睦相处，百姓爱他如父母，家里供奉他的画像。后来，杨简升为驾部员外郎，将要离开所治地区，老百姓扶老携幼，倾城相送，足见对他的爱戴。杨简入朝后对皇帝说："善政尽举，弊政尽除，民怨自销，祸乱不作。"

【相关名言】1.季康子问政于孔子曰："如杀无道，以就有道，何如？"孔子对曰："子为政，焉用杀？子欲善而民善矣。君子之德如风，小人之德如草，风吹草偃。"（《论语》）
2.庖（páo）有肥肉，厩有肥马，民有饥色，野有饿莩（piǎo），此率兽而食人也。兽相食，且人恶之；为民父母行政，不免于率兽而食人，恶在其为民父母也？（《孟子》）

【原文】 # 人无千日好，花无百日红。

【白话】 人不可能总是一帆风顺，花不可能常开不败。

【解读】 此二句常用以比喻好景不长或友情难以持久。"人无千日好"可以理解为人生不能总是一帆风顺，也可以理解为人对人长久不变地保有好感是困难的。人与人之间接触时间长了，各自的真实情况、弱点缺陷就会显露出来，再加上熟人之间彼此都有所期待，所以难免产生龃龉。我们与人接触，应保持一份理智，不要期待过高，认为亲朋好友就应当对自己如何如何，要懂得人无完人的道理，多包涵，多宽容，才能避免"但看三五日，相见不如初"的悲凉。

在古诗词中，有一类表达妇女被冷落和抛弃之怨的诗，比如《诗经》中的《卫风·氓》《邶风·谷风》《邶风·终风》，还有历代诗词中的宫怨诗等。它们或感叹爱人、丈夫对自己的态度的转变，或为青春易逝、年华老去、恩爱不再、情断义绝而伤怀。

介 人无千日好，花无百日红。

又是羊车过也，月明花落黄昏。

清平乐

　　珠帘寂寂。愁背银钉（gāng）泣。记得少年初选入。三十六宫第一。当年掌上承恩。而今冷落长门。又是羊车过也，月明花落黄昏。

长相思

　　花深深，柳阴阴，度柳穿花觅信音，君心负妾心。
　　怨鸣琴，恨孤衾，钿誓钗盟何处寻？当初谁料今！

【原文】 **杀人可恕，情理难容。**

【白话】 杀人有时还可宽恕，做伤情害理的事却让人难以容忍。

⇒ 赵娥陈情。

【解读】 在现代法律中，杀人是要负法律责任的。这则贤文并不是为杀人开脱，重在强调人如果做了伤天害理、情理难容的事，是难以被人宽恕的。在我国重视儒家伦理的朝代，甚至认为合于伦理的仇杀是可宽恕的事。历代对这种情况多有争辩，唐代柳宗元写过一篇很有名的《驳复仇议》，就是在议论这种情况。

【案例】《后汉书·列女传》中记载了这样一则故事：当时酒泉地区的女子赵娥，她的父亲被同县人杀了，而赵娥的三个兄弟，当时都病死了，仇人喜而自贺，认为不会有人报仇了。赵娥暗地极为愤慨，于是偷偷地准备刀具，伺机报仇，但十多年不能下手。后来她与仇人在都亭相遇，便刺杀了仇人。而后到县里自首，说："父仇已报，请求刑戮。"县长尹嘉认为赵娥有义气，愿解下印绶与她一起逃走。赵娥不肯离去，说："怨恨塞心，以致身死，是妾之名分；审理案件、判决罪罚是你的责任。我怎敢偷生以致歪曲公法。"赵娥后来遇赦得免死罪。

〔原文〕 **乍富不知新受用，乍贫难改旧家风。**

〔白话〕 忽然暴富会不知如何享用；忽然贫穷，难以一下子改变过去优裕的生活方式。

↑ 乍富不知新受用，乍贫难改旧家风。

〔解读〕 这则贤文旨在说明人的生活习惯不易改变。

〔案例〕（1）国画大师齐白石先生，早年曾为木工，后以卖画为生，年近六旬成名。因为饱尝生活的艰辛，所以齐先生成名后依然保持着非常俭朴的生活习惯。有不少关于齐先生俭朴甚至抠门的回忆和逸事，比如有人回忆白石老人腰间常挂着一斤多重的一大串钥匙，值钱的东西当然锁得死死的，就是油和米也锁起来，每次做饭，亲自开锁，计量取米。如果不是时间有限甚至想一粒一粒数，节俭程度可见一斑。

（2）袁世凯长子袁克定在袁世凯离世后分得大量家产，之后带着妻妾子女搬到了天津的德租界居住。虽然袁家大势已去，但一家人大手大脚花钱、要面子讲排场的生活习惯并未改变。只十余年工夫，袁克定一家便坐吃山空、家财耗尽。据说，最落魄的时候，袁克定家的一日三餐都是仆人到菜市场上捡回烂菜叶来做。

〔原文〕 # 屋漏更遭连夜雨，行船又遇打头风。

〔白话〕 屋子本来就漏，却又遭到连夜大雨；行船本就困难，偏又碰上迎头风。

⇑ 屋漏更遭连夜雨，行船又遇打头风。

〔解读〕 这则贤文形容了一种艰难的处境。常言道："人生不如意事十之八九。"在我们的生活中，祸不单行、"喝凉水都塞牙"的情况常有发生，倒霉的事一件跟着一件，困难一个跟着一个。这不免让人沮丧灰心。在一个人创业的过程中，在他较为弱小的时候，缺少声望和各方面的支持、帮助，他往前走、发展壮大所遇到的阻力是很大的，挫折和打击不断袭来，正如宋人杨万里诗中所写："莫言下岭便无难，赚得行人空喜欢。正入万山圈子里，一山放出一山拦。"

但是心中有志向的人愈挫愈勇，因困难挫折的磨砺而更强大。宝剑锋从磨砺出，梅花香自苦寒来。不经一番寒彻骨，怎得梅花扑鼻香？蛇是通过蜕皮成长的，人在不断自我反省、不懈奋斗中获得新生。有句格言说得好，失败与成功的最后一位裁判，往往由毅力来充当。

〔相关名言〕 1.对人来说，不幸要比幸福多两倍。（荷马）2.不幸时满怀希望，顺利时小心谨慎，这是一个人在福祸问题上应取的态度。（贺拉斯）3.一切不幸都不过是走向未来的垫脚石。（梭罗）4.厄运之后好运来。（吉普赛谚语）

【原文】 # 笋因落箨方成竹，鱼为奔波始化龙。

【白话】 笋因为不断掉皮才成为竹子，鱼只有长途奔波后才能变成龙。

【解读】 我们都不希望经历很多的挫折和失败，但是事情的发展常常不能尽如人意，我们需要从积极的角度来看待困难和挫折。人的经验的增长、性情的成熟、心胸的开阔、智慧的激发往往是从挫折与教训中来的，这是不争的事实。如果一直在溺爱娇惯、顺风顺水中成长，人如何知道天高地厚？如何知道生活的艰难？如何能够有同情怜悯之心？如何能够形成谦逊务实的做事风格？为人处世如何能懂得为他人着想？人的这些可贵的情操与行为习惯，常常是在痛定思痛中得来的。

《论语》中记载了这样一段言论：太宰问于子贡曰："夫子圣者与？何其多能也？"子贡曰："固天纵之将圣，又多能也。"子闻之，曰："太宰知我乎？吾少也贱，故多能鄙事。"（太宰向子贡问道："夫子是圣人吗？为什么他这样多才多艺呢？"子贡说："这本是上天想让他成为圣人，又让他多才多艺。"孔子听了这些话，说："太宰了解我吗？我小时候贫贱，所以学会了不少谋生的技艺。"）

古今中外，那些出身寒微，经历过艰难困顿、劳苦奔波的人，后来有成者灿若繁星，孔子、孟子、韩愈、范仲淹、欧阳修、岳飞、牛顿、爱迪生、林肯……早来的灾难与磨砺，常常是人的福气啊。

← 孔子早年曾做管理畜牧小吏，但他一有时间便坚持学习。

【原文】 **记得少年骑竹马，看看又是白头翁。**

【白话】 还记得小时候一起骑竹马的情景，转眼间都已是白发老翁。

⇑ 记得少年骑竹马，看看又是白头翁。

【解读】 时光的流逝是飞快的，人越是长大，对此感触越深。每年过了新年，转眼就到了夏天，过了中秋，转眼就到了年根儿，年华的溜走，让人惊心！人生以天来计算的话，百年不过三万六千天，中年人回忆起童年时光感觉并不遥远，老年人回顾青壮年的日子仿佛就在昨天。

时间是世界上最可宝贵的东西之一，它直接与生命相连，我们谈论一个人的生命的长短，往往是在说他（她）还有多少时间。

人活得平庸，通常是因为不懂得珍惜时间，也便是不懂得珍惜生命，明日复明日，屈服于懒惰，怕吃苦受累，喜欢安闲舒适。古人云："少不勤苦，老必艰辛。"等到老来万事成空方才悲叹，悔之晚矣。常言道："不怕少时苦，就怕老来贫。"亦足以作为警语。

【相关名言】 1.人的童年过得十分缓慢，好像满载的货车；老年的岁月却转瞬即逝，有如夜空的流星。（欧文·斯通）2.世上没有一样东西及得上时间那么宝贵。（拉伯雷）

〔原文〕 **天上众星皆拱北，世间无水不朝东。**

〔白话〕 天上的星星都绕着北极星运行，世间的流水都向东流去。

⇑ 天上众星皆拱北，世间无水不朝东。

〔解读〕 孔子说："为政以德，譬如北辰，居其所而众星拱之。"（以道德教化来治理政事，就会像北极星那样，自己居于一定的方位，而群星都会环绕在它的周围。）中国古人对北极星非常尊崇，认为它固定不动，众星都绕着它转，是帝王的象征。我国的地势是西高东低，所以河流的流向常自然形成为自西向东流。这一则实际是在强调客观规律的伟力。客观规律不但包含着万物运行的自然规律，也包含着人事的规律，比如不知节制的放纵将导致毁灭，正义和善良一定会战胜邪恶等。顺应自然规律，就会得到顺遂和吉祥；逆客观规律而为，就会得到教训和惩罚。孙中山先生曾言："世界潮流浩浩荡荡，顺之者昌，逆之者亡。"《周易·系辞》中说："天之所助者顺也，人之所助者信也；君子履信思顺，自天佑之，吉无不利也。"这是让人讲守信用和顺应规律。

〔相关名言〕 1.天不为人之恶寒也辍冬,地不为人之恶辽远也辍广。(荀子) 2.任情返道,劳而无获。(贾思勰)

【原文】 **礼义生于富足，盗贼出于贫穷。**

【白话】 礼义从富足的生活中产生，抢劫偷窃的行为常由贫穷引起。

⇒礼义生于富足，盗贼出于贫穷。

【解读】 司马迁《史记·货殖列传》中说："故曰：'仓廪实而知礼节，衣食足而知荣辱。'礼生于有而废于无。故君子富，好行其德；小人富，以适其力。渊深而鱼生之，山深而兽往之，人富而仁义附焉。"（所以管仲说："仓库储备充实，老百姓才能懂得礼节，衣食丰足，老百姓才能分辨荣辱。"礼仪是在富有的时候产生的，到贫困的时候就废弃了。因此，君子富了，才肯施恩德；平民富了，才能调节自己的劳力。水深，鱼自然会聚集；山深，兽自然会奔去；人富了，仁义自然归附。）

王充《论衡》中说："让生于有余，争起于不足。"在生活普遍有保障，物质条件比较丰富的情况下，人们之间的争抢会相应地减少是很自然的事。就好比两个人到了一片很富饶广阔的新大陆，土地、资源都绰绰有余，有什么可争抢的呢？还用得着去做盗贼吗？人的文明程度、品格修养有赖于后天的教育，在贫困的情况下，得不到应有的人类文明的教育，却日日挣扎在温饱线上，那么不择手段地谋生存，也是可以理解的。

【相关名言】1.贫穷乃革命和犯罪之父。（亚里士多德）2.贫穷使有的人变得谦卑，却使更多的人变得邪恶多端。（李顿）

君子安贫，达人知命。

〔原文〕

〔白话〕 君子能够安于贫穷，通达的人知晓并安于天命。

〔解读〕 这两句出自《滕王阁序》。中国古代士人视"安贫乐道"为君子的节操，认为只有明达的人才能感知天命所在，并且随遇而安。

〔案例〕 （1）黔娄是战国时齐国的隐士，尽管家徒四壁，但他安贫乐道，洁身自好。《列女传·鲁黔娄妻》载，黔娄死后，曾子前去吊唁，问黔娄妻，将以什么作为黔娄的谥号。黔娄妻回答说，以"康"为谥。曾子说，先生在世时，食不果腹，衣不蔽体，死后不得厚殓。生不得其美，死不得其荣，如何以"康"为谥号？黔娄妻回答说，先生生前，国君要任他为相，但他辞而不就，这已经算足够显贵；国君赐很多米粟给他，他辞而不受，这已经算足够富裕。先生甘天下之淡味，安天下之卑位。不戚戚于贫贱，不汲汲于富贵。求仁而得仁，求义而得义。其谥为"康"，不是很适当吗？

（2）东晋大诗人陶渊明不为五斗米折腰，辞官归隐田园。他作《五柳先生传》自况说："环堵萧然，不蔽风日，短褐穿结，箪瓢屡空，晏如也。常著文章自娱，颇示己志。忘怀得失，以此自终。"又作《归去来辞》明志说："聊乘化以归尽，乐夫天命复奚疑！"（姑且顺随自然的变化，度到生命的尽头。乐天安命，还有什么可疑虑的呢？）

⇐ 采菊东篱下，悠然见南山。

〔原文〕 **良药苦口利于病，忠言逆耳利于行。**

〔白话〕 良药虽苦却有利于治病，忠言不好听却有益于人的行为。

⇒ 大臣向君王进忠言。

〔解读〕 此二句出自《韩非子·外储说左上》，文中言："夫良药苦于口，而智者劝而饮之，知其入而已己疾也。忠言拂于耳，而明主听之，知其可以致功也。"

人无完人，没有一个人是完美得无须补阙拾遗的，虽然每个人都喜欢听顺耳迎合、赞美表扬的话，但是不能明晓自己的真实情况，不知道自己的缺失所在，身处危险而不自知，那么离灾祸覆亡就很近。有人提醒自己的缺失，给出真实的意见和建议，虽然当时听起来不一定顺耳，但却能够消灾弭祸、防微杜渐，对人是大有裨益的。

普通人不能纳忠言，危害只限于小范围，如果是在高位者，比如一国之君不能纳忠言，闭目塞听，不善纳谏，亲佞远贤，就会对整个国家造成不良影响。《新序·杂事》中载，晋平公问叔向："国家之患孰为大？"叔向回答说："大臣重禄而不极谏，近臣畏罚而不敢言，下情不上通，此患之大者也。"叔向认为，臣下不尽进忠言，使得君主不知实情，是国家最大的灾难。

〔案例〕 在中国历代王朝中，对劝谏之人最为宽容的当属北宋，直言极谏之臣层出不穷，皇帝大都能以宽容的态度对待之，下面举几个例子。

（1）北宋宰相赵普敢于直谏，一次，一个臣属按章程应当升官，宋太祖一向不喜欢这个人，便不批准。赵普坚持请求批准，太祖发怒道："我就不给他升迁，你能怎么办？"赵普说："刑赏天下之刑赏，非陛下之刑赏，岂得以喜怒专之？"太祖很是生气，起身而去，赵普跟随太祖，立于宫门不去，太祖最终允诺了赵普的申请。

（2）北宋宰相吕蒙正宽厚正直，遇事敢言。宋太宗曾在元宵设宴，自夸勤政而致太平景象。吕蒙正离座上前说："京师所在，才繁盛如此。臣见到都城外不过数里，饥寒而死者就不少。愿陛下从近处看到远处，这才是苍生之幸！"太宗听后大为不快，蒙正泰然就位。

（3）北宋名臣包拯，刚直不阿，大公无私，他曾弹劾担任三司使的张尧佐不称职（张尧佐是仁宗宠妃张贵妃的伯父），宋仁宗免去张尧佐三司使的职务，但为安抚爱妃，改命其为宣徽南院使。然而包拯依然不肯罢休，请仁宗收回成命，甚至抨击仁宗失道败德，并率领众谏官集体向君主谏诤。仁宗迫于压力，搁置了授予张尧佐宣徽南院使之职一事。后来，仁宗受张贵妃之请，想要落实任命张尧佐为宣徽使一事。包拯强烈谏诤反对，"反复数百言，音吐愤激，唾溅帝面"，仁宗只得作罢。回宫后，仁宗对张贵妃说："今天包拯反对，唾沫都溅到我的脸上。你只管要宣徽使、宣徽使，不知道包拯是谏官吗？"

⇑ 包拯直谏。

◎ 中国历史上的谏官制度 ◎

谏官是中国古代官职之一，是对君主的过失直言规劝并使其改正的官吏。白居易有段著名的议论，说明谏官的重要："臣闻天子之耳不能自聪，合天下之耳听之而后聪也；天子之目不能自明，合天下之目视之而后明也；天子之心不能自圣，合天下之心思之而后圣也。若天子唯以两耳听之，两目视之，一心思之，则十步之内，不能闻也，百步之外，不能见也，殿庭之外，不能知也，而况四海之大，万枢之繁者乎？圣王知其然，故立谏诤讽议之官，开献替启沃之道，俾乎补察遗阙，辅助聪明。犹惧来未也，于是设敢谏之鼓，建进善之旌，立诽谤之木，工商得以流议，士庶得以传言，然后过日闻，而德日新矣。是以古之圣王，由此涂出焉。"

中国古代圣贤早知谏的重要，早在尧、舜时代，便"设谏鼓，立谤木"，开辟言路。商代有"司过之士"，周代有"保氏"之职，都属于谏官，对当权者进行建议和纠错。秦汉时设"谏议大夫"，职责是直言极谏、匡正君非、谏诤得失。唐代有台、谏之分，台官指御史大夫、御史中丞、侍御史、监察御史等官，其主要职务为监察纠弹政府及官员；谏官指谏议大夫、给事中、拾遗、补阙等官，其主要职务是规谏君主。宋代以后，台、谏两者事权相混，谏官也拥有对百官的监察纠弹之权，形成了谏官对于君主规谏有所放松，台官、谏官共同纠察政府及官员的情况，谏官反而成了政府的掣肘。明代无专职谏官，而由"给事中"和各道御史兼任谏职，清代言谏之官的设置大体如明代，有都察院御史和六科给事中两班人马，总体来讲，明、清两代谏官的职能被大幅削弱。

中国古代，在明朝以前，谏官的传统大体总结如下：

（一）谏官不罪、言者无罪

因为设置谏官就是为君主拾遗补阙、建议纠错的，所以君主对谏官的言论虽有不满，通常也不深究其罪，不然难免落得拒谏、昏君之名。

（二）官卑秩微

谏官通常官阶卑微，没有太多丢官的顾虑，给事中、拾遗、补阙等官职不超七品。

（三）选用年轻人

谏官选用年轻人最主要的原因是年轻人不那么世故，"初生牛犊不怕虎"，年轻人有勇气，敢想，敢说，敢谏。

（四）谏官要避免当众谏诤君主

要确保朝廷和君主的威严、尊严，因此谏官言事常常"密陈其奏"。

[原文]

顺天者存，逆天者亡。

[白话] 顺从天道者就可以生存，违背天道者就必然会灭亡。

[解读] 这里说的天，一方面指自然法则和事物发展的客观规律，一方面指仁义之道。

中国古人除了崇拜祖先，对上天、天命同样十分敬畏。可以确定周代人已经有十分明确的天命思想，他们认为，有德者才能得到上天的眷顾，有德的天子才能获得上天护佑，维持王朝的统治；失德会失去上天的眷顾，从而失去天下。《尚书·君奭》中说："我闻在昔成汤既受命。"（我听说昔日商王成汤受了天命。）又说："昔在上帝，曷申劝文王之德，其集大命于厥躬？"（从前，上帝为什么再三勉励文王修德，将伟大的天命集中放在他的身上呢？）

汉代时，以董仲舒为代表的汉儒发展出一套"天人感应"的道德伦理秩序体系，将儒家的王道思想（以仁义统治天下）上升到天道的高度，并说"天不变，道亦不变"。董仲舒认为，天子受命于天，然而天会赏善罚恶，人君如失道，上天就会降下种种灾害作为警告和谴责，如果人君仍不知悔改，天就会使人君失去天下。如果人君行德政，上天也会降下种种祥瑞。董仲舒"天人感应"的思想一方面肯定了君主受命于天的统治秩序，另一方面也在无形中限制了君主的私欲和行为。

← 清代皇帝祭天。

[相关名言] 1.顺德者昌，逆德者亡（《汉书》）2.恃德者昌，恃力者亡。（《尚书》）

【原文】

人为财死，鸟为食亡。

【白话】 人为谋取钱财而死，鸟为寻获食物而亡。

【解读】 鲁迅先生曾说：“钱，高雅的说罢，就是经济，是最要紧的了。自由固不是钱所能买到的，但能够为钱而卖掉。”再往基础里说，金钱不一定能买到幸福，可是没有钱，一个人连最起码的生存都困难。所以即便是讨厌钱的人也不得不为金钱奔忙。司马迁在《史记·货殖列传》中说，求富，是人们的本性，用不着学习就都会去追求。贤能之人在朝廷上出谋划策，是为了增厚自己的财富；壮士在军队中冲锋陷阵，斩将夺旗，冒着箭射石击，赴汤蹈火，为的是重赏；赵国、郑国的女子，打扮得漂漂亮亮，弹着琴瑟，舞动长袖，踩着轻便舞鞋，目挑心招，不远千里外出，不择老少招徕男人，是为财利奔忙；猎人渔夫起早贪黑，冒着霜雪，奔跑在深山大谷，不避猛兽伤害，为的是猎得野味；医生、方士及各种靠技艺谋生的人，殚精竭虑，竭尽所能，是为了得到更多的报酬；至于农、工、商贾储蓄增值，都是为了谋求财富的增加。人们绞尽脑汁、不遗余力地求取，为的都是财富。

【相关名言】1.正像达尔文发现有机界的发展规律一样，马克思发现了人类历史的发展规律，即历来为繁芜丛杂的意识形态所掩盖着的一个简单事实：人们首先必须吃、喝、住、穿，然后才能从事政治、科学、艺术、宗教，等等；所以，直接的物质的生活资料的生产，从而一个民族或一个时代的一定的经济发展阶段，便构成基础。（恩格斯）

【原文】 # 夫妻相好合，琴瑟与笙簧。

【白话】 夫妻之间相亲相爱，和睦美满，就像琴瑟与笙簧一样音韵和谐。

↑ 夫妻相好合，琴瑟与笙簧。

【解读】 夫妻关系是人生最重要的关系之一，夫妻关系的好坏直接影响生活幸福指数的高低。有人说西方人非常重视夫妻关系，其实中国传统文化同样把夫妻关系摆在很高的位置。《周易·序卦》说："有天地然后有万物，有万物然后有男女，有男女然后有夫妇，有夫妇然后有父子……"《诗经》的第一篇《关雎》歌颂的就是美好的爱情："窈窕淑女，君子好逑……窈窕淑女，琴瑟友之。"

爱情不仅仅是初识时花前月下的浪漫，不仅仅是互相追逐的遂愿，更重要的是此后漫漫人生长途的同心同德的共同生活。这需要双方诚心诚意地共同努力，互敬互爱，同心协力，有如协奏琴瑟笙簧，相通相应，方能奏出和谐美妙的乐曲。成语"琴瑟和谐"就是形容夫妻关系和谐的。

【相关名言】 1.没有一种爱像夫妻之爱那么伟大，没有一种安乐及得上甜蜜的妻子。(伯顿) 2.婚姻的成功取决于两个人，而一个人就可以使它失败。(塞缪尔)

【原文】

有儿穷不久，无子富不长。

【白话】 有了儿子（女儿），贫穷不会长久；没有儿子（女儿），富贵也不会长久。

⇒ 天伦之乐。

【解读】 这里的"儿"和"子"，均包括儿子和女儿，是概括地指一个家庭的后代。

周代庄严典雅的青铜器铭文常以"子子孙孙永宝用"这句语重心长的话来结束，这是家的希望，也是国的期盼。

人生的幸福总离不开做事。做好事，创造美好的生活，离不开有爱他人的能力，并得到尊重和爱；离不开希望。对未来充满希望就能生机勃勃，满怀信心地生活。人的最根本的希望在于有后人的继承和发展。中华民族就是这样一代一代自强不息发展到今天的，虽然历经艰难困苦，甚至灾难深重，但是江山代有才人出，无数中华儿女为了祖国的繁荣富强不断奋斗！

中国文化讲究"父慈子孝"，就是父母爱育孩子，孩子要敬爱父母，《中庸》中说："夫孝者，善继人之志，善述人之事者也。"真能如此，家，一定会富裕美好，国，一定会繁荣昌盛。

【相关名言】1. 在自然给予人类的一切馈赠中，有什么能胜过自己的孩子呢？（西塞罗）
2. 母亲再穷，儿子也不会离开他。（马里谚语）

【原文】 **善必寿考，恶必早亡。**

【白话】 善良、行善者必长寿善终，邪恶、作恶者必凶死早亡。

⇑ 善必寿考，恶必早亡。

【解读】 亚当·斯密在《道德情操论》中表述了这样的观点，他认为，人生来就希望得到他人的敬爱、尊重，希望自己是令人愉快的人；任何人都不愿成为被人厌恶和憎恨的人，不愿意因触犯他人而遭厌恶。并且，人不仅希望被人赞扬，而且希望成为值得赞扬的人。人不仅害怕被人谴责，而且害怕成为该受谴责的人。如果觉得自己做的并不符合良知，自己都不能认同自己，那么即使他人赞美自己，也无法得到快乐。只有最为虚荣、最为浅薄的人才会对那种他自己也知道完全不该得到的称赞感到非常高兴。亚当·斯密实际上是说，人的行为要符合自己的良知准则。人在行善积德中，他的内心是坦然的、明亮的，他自己认为自己做的是对的，问心无愧，他的身心也处于一种踏实、健康的状态中，对寿命的延长自然有助益。如果心术不正、心怀鬼胎，终日惴惴不安、提心吊胆，时时受到内心的谴责，自然会影响身心健康。再看古今中外那些因为作恶多端而非正常死亡的人，真是多得不可胜数！"药王"孙思邈说："百行（德行）周备，虽绝药饵，足以遐年，德行不充，纵服玉液金丹，未能延寿。"

〔原文〕 爽口食多偏作病，快心事过恐生殃。

〔白话〕 美味佳肴吃得太多反而会生病，高兴的事过头了恐怕要生祸殃。

〔解读〕 从饮食健康的角度来讲，现代人都已经知道，暴饮暴食、成天肥甘厚味对人的健康是危害很大的。现代人常有的如心脑血管疾病、糖尿病、胰腺疾病等严重危害人的健康和生命的疾病，饮食不节制都是最直接的致病原因。汉人枚乘《七发》中言："甘脆肥脓，命曰腐肠之药。""饮食有节"是中医养生防病最重要的理论之一。现代的绿色饮食、五谷杂粮养生、轻断食等各种饮食理念，实际上都是以饮食有节、营养均衡、顺应人天然的生理机能为出发点的。

《礼记》中说："傲不可长，欲不可纵，志不可满，乐不可极。"一个人如果事事顺着自己的性子来，这样的人，一则会在社会上处处碰壁，二则会让自身陷入毁败的危险之中。我们看那些无止境地满足快感的人，酗酒的、吸毒的、乱搞男女关系的，哪一个不是陷入家破人亡的危机之中？即便是贵为天子，譬如商纣王、秦二世、隋炀帝，一味地追求欲望和快意的满足，最后的结局是多么让人警醒！

↑ 爽口食多偏作病，快心事过恐生殃。

商纣王放纵嗜欲，导致毁身亡国。

【相关名言】1.嗜欲者，逐祸之马也。（韩婴）2.对一切沉溺于口腹之乐，并在吃、喝、情爱方面过度的人，快乐的时间是很短的，就只是当他们在吃着喝着的时候是快乐的，而随之而来的坏处却很大。（德谟克利特）

【原文】 **富贵定要依本分，贫穷不必再思量**。

【白话】 富贵后一定要安分守己，贫穷时不要有非分之想。

【解读】"历览古今多少事，成由谦逊败由奢。"富贵时要本分、谦虚方可长久；贫穷时要有志气，勤奋，努力做事，定能走向富贵。

【案例】（1）我们在前文中所讲过的秦末起义领袖陈胜，贾谊在《过秦论》中描述他："蹑足行伍之间，而崛起阡陌之中，率疲弊之卒，将数百之众，转而攻秦；斩木为兵，揭竿为旗，天下云集响应，赢粮而景从。山东豪俊遂并起而亡秦族矣。"真是英雄的壮举。陈胜是反抗暴秦起义的先驱，但他不久就失败了，从起兵到兵败身亡历时六个月。陈胜的问题，是因为富贵之后的忘本。

陈胜因起义而称王了、富贵了，曾与他一起佣耕的旧友赶来投奔他，因为跟人讲了陈胜从前的一些旧事，被陈胜杀掉。从此以后，陈胜的故旧知交都纷纷离去，没有人再亲近他。陈胜任命朱房、胡武二人苛刻地督察群臣的过失，将领们稍不服从命令，就抓起来治罪，随意予以惩治，将领们逐渐与陈胜离心离德。这就是陈胜失败的原因，他完全脱离了群众，这就是不本分。

（2）汉文帝登基为帝后，侍奉母亲疾病一如往日，目不交睫，衣不解带，亲尝汤药，履至尊而仁孝如常，贤君风范，千古流芳。

⇒汉文帝亲奉汤药。

⇑ 范仲淹富贵依然安守本分，生活简朴。

（3）《宋史·范仲淹传》载，北宋名臣范仲淹性情刚烈，但外表温和。他十分孝敬，因其母亲在世时家境贫困，后来自己虽然做了大官，但依然安守本分，生活简朴，不是家中来客，不吃两样肉菜。妻儿的衣服和饭食，以能够御寒充饥为标准。范仲淹乐善好施，他去世的时候，四方之人听说后，都为之叹息。

【原文】 **画水无风空作浪，绣花虽好不闻香。**

【白话】 画中之水波涛滚滚，却听不见风浪声；绣出的花儿虽然好看，但闻不到半点花香。

⇒ 画水无风空作浪，绣花虽好不闻香。

【解读】《楞严经》说："虽有多闻，若不修行，与不闻等。如人说食，终不得饱。"

凡真知，要有真切的体验；真才，要在事上磨炼。耳闻口诵乃是在学的阶段。学是为了用，学以致用必须实践。

学，也不可停留在形式上，要躬身入局，亲临第一线。曾国藩有"五道"之说，即"身到，心到，眼到，手到，口到"。身到就是"亲冒矢石"；心到是"凡事苦心剖析"；眼到是"着意看人"，认真看事；手到是"于人之短长，事之关键，随笔记忆"；口到是"于使人之事，警众之辞"，既有公文，也要不厌其烦地再三叮嘱。

总之，做人做事要实实在在，不可浮在表面。

【相关名言】1.即使一个人天分很高，如果他不艰苦操劳，他不仅不会做出伟大的事业，就连平凡的成绩也不可能得到。(柴可夫斯基) 2.理论无论如何好，不施行总还是个白费。(朱自清)

〔原文〕

**贪他一斗米，失却半年粮；
争他一脚豚，反失一肘羊。**

〔白话〕 贪图他人一斗米，却失去了半年的口粮；拿了别人的一个猪蹄，反而失掉了一个羊肘子。

⇑ 贪他一斗米，失却半年粮；争他一脚豚，反失一肘羊。

〔解读〕 人生有各种失误，其中有一种失误叫"耽误"。耽误也有很多种，其中最常见的是因为眼前的一点利益而耽误了基本要事和长远积累。例如，因为得到了别人一些经济上的帮助，就懒惰起来放下了自己的工作，这失去的不仅是半年粮；为了眼前的一点儿即时小利耽误了学习，失去的更多。江湖骗术也都是利用人的即刻贪心，诱以眼前的金银小利，骗走人辛辛苦苦攒起来的生活储蓄。所以，人生要戒这个"贪"字，因为"贪"眼前之利而失去整个人生的事例史不绝书。人生还要坚持一个"廉"字，"廉"就是明确有操守，不苟取，不是自己的不要，不义之财不得。

生活中常遇到得失问题，争还是不争？春秋时代的管子有一段讲诚信的话可资参考，他说："圣人之诺已也，先论其理义，计其可否。义则诺，不义则已；可则诺，不可则已。"他是说圣人对一件事承诺与否，先看是否符合义理，即正当性，再看可行否，即可行性。

〔原文〕 **龙归晚洞云犹湿，麝过春山草木香。**

〔白话〕 龙在夜晚归洞时，所过之处的云彩都是湿润的；麝走过的山地，连草木都带有香味。

〔解读〕 这句富有诗意的格言说出了一个做人的根本道理，就是先要做好自己，让自己于人群有益，于社会有用，做事有价值，为人有良知、有好品行。这样的人所到之处都会有所贡献，留下好的影响。俗话说："人过留名，雁过留声。"

《周易》中说："云从龙，风从虎。"在中国文化中，龙象征着祥瑞和神异，它能够行云布雨，所过之处惠泽万物。麝有腺囊，能分泌麝香。李时珍说："麝之香气远射，故谓之麝。"所以说麝所过的春山，百草万木都能留有余香。龙和麝的事迹，都给我们以人生的启迪。

〔案例〕 上古五帝之一的舜，正可以"麝过春山草木香"来形容他。据《史记》记载："舜耕历山，历山之人皆让畔；渔雷泽，雷泽上人皆让居；陶河滨，河滨器皆不苦窳。一年而所居成聚，二年成邑，三年成都。"只要是舜生活和劳作的地方，人们便兴起良好的风尚。他到了哪里，人们都愿意跟随着劳动、生息在一起。舜居住一年的地方就成为一个村落，两年成为一个城镇，三年就变成都市了。

⇒ 龙归晚洞云犹湿，麝过春山草木香。

〔原文〕 **平生只会说人短，何不回头把己量。**
见善如不及，见恶如探汤。

〔白话〕 有的人平时只会挑别人的短处，为什么不找找自身的缺点呢？见到善的行为，就像怕赶不上似的去努力追求；看见不善的行为，就像手伸进了沸水中那样赶快避开。

平生只会说人短，何不回头把己量。

〔解读〕 古人说："人虽至愚，责人则明。"再愚蠢的人，说别人的短处和不足的时候都会头头是道，而即便是聪明人，说到自己的短处、不足和缺陷，也不一定很清楚。《道德经》中说："自知者明。"有自知之明的人才是明智的人。《大学》中言："人莫知其子之恶。"人常常看不到自己儿子身上的恶习。这是人性的弱点。

孟子说："子路，人告之以有过则喜；禹闻善言则拜。"孔子的学生子路，一听到人家告诉他有过错，他便高兴；夏禹王听了有益的话，便向人拜谢。他们都是值得我们学习的榜样。

"见善如不及，见不善如探汤"是孔子说的话，这是为善去恶的鲜明态度。后世的王阳明有个"知行合一"的理论，可以用"一念发动处，便即是行"来理解，王阳明解释说，正如见到美色，见到属于知，喜爱美色属于行，他把人的动机、思想等同于行动，形容知和行如鸟之两翼、车之两轮，不可分离。他要求学生一旦产生了不善之念就将之"克倒"，不使不善之念潜伏心中。

〔原文〕

人穷志短，马瘦毛长。
自家心里急，他人不知忙。

〔白话〕 人贫穷了，志气也就短缺了；马瘦了，毛也显得长了。自己的事情自己心里最着急，别人不会因你急而忙乱。

⇒人穷志短，马瘦毛长。

〔解读〕 人贫穷了，往往急于先解决眼前的生计问题，很容易目光短浅，顾及不到长远发展，也不容易坚持长远的志向和理想。那些能够忍受一时的贫穷，而不放弃长远的规划和志向，并为之不断辛勤努力的人，后面所获得的回报大概率要高于只顾眼前利益的人，往往被人视为成功者。但是这样的人在人群中趋于少数，大多数人因为缺乏忍耐力和坚强的毅力，妥协于当前的现实情况，放弃了长远志向，因此流于平庸。

人最重视的莫过于自己的事物，别人的事物，即便是有所关心，也绝不能和自己的事物相提并论，这是人之常情。卡耐基说："一个人自身的牙疼，可能比在世界上的一个地方有千百万人死去更让他心焦。"我们不得不承认人有自私自利、对自我看得最重的天性。因此，我们凡事首先要依靠自己，对于他人是否能给予帮助，不要有过多的期待和依赖。别人对我们的事情并不像我们自己一样着急，这是太正常不过的了，甚至别人拒绝帮助我们，我们都应知道这很正常。不要因之产生怨恨，不要苛求别人，不要动不动就认为别人慢待了自己。

【原文】　贫无达士将金赠，病有高人说药方。

【白话】 人在贫穷时少有仗义之士赠送钱财，生病时倒是常有高人说及治病的良方。

【解读】 一个人在贫困时的境遇是艰难的，即便是胸藏锦绣、才华出众，也常常被人忽略和轻视，大多数人是没有慧眼识珠的能力的。

俗话说，病急乱投医。人在生病的时候，是一个人最迫切需要救助的时候。即便不熟悉的旁人，出于人道的恻隐之心，也会表示同情关切，给出寻医治病的建议。但也有趁火打劫的人，发别人的危难之财。这些是需要我们加以分辨的。

【案例】 韩信在贫穷未显达的时候，受到周围人嫌恶轻视，常常饥肠辘辘。他在城下钓鱼时，有几位老大娘漂洗丝棉，其中一位大娘看见韩信饿了，就给韩信饭吃。几十天都如此。韩信很感激，对那位大娘说："日后定当重重地报答您。"大娘生气地说："大丈夫不能养活自己，我是可怜你这位公子才给你饭吃，难道是希望你报答吗？"世上的人，锦上添花的多，雪中送炭的少，所以才留下了这"一饭千金"的成语。韩愈在《马说》中说："世有伯乐，然后有千里马。千里马常有，而伯乐不常有。"有多少人有慧眼识珠的能力呢？

【原文】

触来莫与竞，事过心清凉。
秋至满山多秀色，春来无处不花香。

【白话】 如果有人触犯自己，不与其争竞，事情过去以后，心情是爽朗清凉的。秋天到来，漫山遍野都是秀丽的景色；春天到来，到处都弥漫着花香。

⇒秋至满山多秀色，春来无处不花香。

【解读】 世上最无益有害的事之一，就是与人争竞。如果与小人、没有品德的人发生争竞、争辩、争执，轻则耽误时间和正事，重则受小人的算计与伤害。所谓小人，就是习惯于算计人、伤害人、给人捣乱的人。

有时候遇到的"碰触"，对方不是小人，自有公法、公理可以解决；若是误会和无意的伤害，便要心平气和，以"恕"字相待。

后两句抒发了对自然之美的欣赏和热爱之情。

【案例】 东汉名臣卓茂，品行宽厚，从不与人争执。一次出行，遇到一人说卓茂的马是他的，卓茂心中知道那个人弄错了，但没有争执，把马给了那人，离去时说："如果不是你的马，劳驾到丞相府还我。"后来，那人从别处找回自己丢的马，就到丞相府还马，并给卓茂磕头道歉，卓茂并不怪罪他。卓茂做官的地方，教化大行，民风淳朴，农桑丰收。

[原文]　# 凡人不可貌相，海水不可斗量。

[白话]　人不可凭相貌来判定，海水不能用斗来称量。

[解读]　这两句旨在告诫不要以貌取人。

[案例]　（1）《史记·仲尼弟子列传》载，孔子有个学生叫澹台灭明（字子羽），他的体态相貌丑陋，孔子认为他资质低下；孔子还有个学生叫宰予（字子我），他口齿伶俐，擅长辞辩。然而后来孔子发现，子羽勤奋修身，光明正大；宰予懒惰而不仁。所以孔子感叹："吾以言取人，失之宰予；以貌取人，失之子羽。"

（2）西晋文学家左思，其貌不扬、口讷却才华出众。其《三都赋》为时人称颂，造成"洛阳纸贵"。

（3）唐代大臣、书法家欧阳询，其貌不扬，甚至遭到中书舍人许敬宗的嘲笑，但他胸藏锦绣，博通经史，敏悟绝人，官至弘文馆学士，是"楷书四大家"之一。

↑ 孔子说："吾以言取人，失之宰予；以貌取人，失之子羽。"

【相关名言】1.我们应该重内心，而不应该看外表。（伊索）2.你可以从外表的美来评论一朵花或一只蝴蝶，但你不能以此来评论一个人。（泰戈尔）

〔原文〕 **清清之水为土所防，济济之士为酒所伤。**

〔白话〕 清清的水被土所阻挡，众多的才士被酒所伤害。

〔解读〕 本则告诉人饮酒的危害。《弟子规》上讲："年方少，勿饮酒；饮酒醉，最为丑。"古代文人虽然将诗酒当作情趣，但是传统主流观点是反对青少年饮酒的。另外，古时的酒度数较低，而且饮酒讲究节制和礼数。《礼记·乐记》中说，酿酒并不是为了制造祸端，然而狱诉之事日益增多，的确是由酗酒造成的。所以先王特地为此制定了饮酒的礼仪，人们饮酒时要互相行许多礼节，用以防止酒醉惹祸。

〔案例〕 古代因酒亡国、因酒毁身的才能之士非常多。前面我们说过李白、陶渊明因酒而伤身的事，我们再来看几个例子。

（1）《史记》中记载，商纣王天资聪颖，有口才，行动敏捷，气力过人，能徒手与猛兽格斗。然而纣王沉湎酒色，通宵饮酒作乐，导致后来亡国身死。

（2）北齐文宣帝高洋，早年励精图治，劝农兴学，屡次击败柔然、突厥、契丹，出击萧梁，开疆扩土，被突厥可汗称为"英雄天子"，但后来纵欲酗酒，残暴滥杀，最终因饮酒过度而暴毙，年仅 31 岁。

（3）著名的语言文字学家黄侃，嗜酒贪杯，最后因饮酒过度吐血而亡，享年 49 岁。其师章太炎痛惜："断送一生唯有酒。"

〔原文〕 **蒿草之下，或有兰香；茅茨之屋，或有侯王。**

〔白话〕 蒿草的下面可能生长着兰草；茅屋里边可能住着将来的王侯。

茅茨之屋，或有侯王。

〔解读〕 在名园雅室之中，是常能见到幽香的养植，但是幽兰本是出自山谷，大自然中的兰花也会有蒿草生于其旁，而且这种状况更是自然的本来状态。茅茨之屋是普通百姓居住的地方，在历史上，从社会底层也会产生跃居社会上层的侯王。而且亲知民间真实生活状况和民生艰辛的人做了侯王，比长久生活在深宫之中的帝王往往更知国情，更能做些符合历史发展需要的事业。

〔案例〕 （1）十六国时期的后赵开国皇帝石勒曾做过耕奴。他生逢乱世，勇敢善战，尤其难得的是，他尊道德，好学问，敬用贤人，多谋善断，平定了北方大部分地区，建立后赵，使之成为当时北方地区最强的国家。

（2）宋武帝刘裕，自幼家贫，靠砍柴、种地、打鱼和卖草鞋为生。后投身北府军为将，帮助东晋王朝平定叛乱、消灭割据势力，使南方出现百年未有的统一局面；又消灭南燕、后秦等国，降服仇池，大破北魏铁骑，收复淮北、山东、河南、关中等地，光复洛阳、长安两都。刘裕凭借着巨大的军功，总揽东晋军政大权，官拜相国，封宋王。永初元年（420），刘裕代晋自立，定都建康，国号"宋"。

【原文】 **无限朱门生饿莩，几多白屋出公卿。**

【白话】 许多豪门权贵之家生养出将来可能饿死的无能之辈，多少贫寒之家却成长出三公九卿。

⇒ 无限朱门生饿莩。

【解读】 人在困境和磨炼中能够成长得更快几乎是普遍的现象。自幼在优渥富裕的环境中，衣来伸手，饭来张口，前途有人给铺垫好，一切都不用自己努力、争取和担忧，这个孩子不知道生活的艰辛，不知道人生的不易，他就很可能缺乏上进心。而过多物质方面的享受又足以让他浪费时光、荒废人生乃至毁败身体。这样看来，他长大因为无能而挨饿还不算太坏的事情。因为溺爱、娇惯、生活条件太好而走入歧途、陷入囹圄、短命夭折的孩子又有多少呢？

自幼生活条件不好，早早知道了生活的艰难、人生的不易，非勤奋自强、努力上进不能打开生活的出路，因此寒门出人才也是常见的现象。孟子说："天将降大任于是人也，必先苦其心志，劳其筋骨，饿其体肤，空乏其身，行拂乱其所为，所以动心忍性，曾益其所不能。"

【案例】 历史上和如今的现实中，从小家境不好，通过自强、努力而取得成就的例子很多，如范仲淹划粥断齑的故事，王冕放牛听书的故事，宋濂冒雪访师的故事……这些杰出人物在幼年都饱尝清贫，因此而发愤图强。正是"艰难困苦，玉汝于成"。

〔原文〕 **拂石坐来衫袖冷，踏花归去马蹄香。**

〔白话〕 拂拭了石头坐在上面，衣衫袖口都感觉到寒冷。从花草上骑马归去，马蹄都带着花草的芳香。

〔解读〕 人的一生怎样过得健康而快乐？要有好的选择和积累。选择好人交往，亲近善良的人、正直的人、勤俭好学的人。近朱者赤，近墨者黑。做事要做有益身心的事、与人为善的事。

我们每做一件事，都会有一种体验，身心都会有所感受。在青石上坐过，衣衫上会留下凉气；从花草上骑马奔驰过，马蹄都会留下花草的芳香；当我们读了一首好诗、一篇好文章，心中油然而生喜悦之情；当我们助人为乐，对社会有所贡献，我们会感到由衷的欣慰和充实。

道家有一种养生的说法，就是积累阳生之道，实际上就是积累人的正气。所有对真、善、美的追求都可以积累人的正气。儒家的孟子说："我善养吾浩然之气。"

⇑ 拂石坐来衫袖冷，踏花归去马蹄香。

【原文】 **千里送毫毛，礼轻情意重。**

【白话】 不远千里送一根毫毛，礼物虽轻，情意却很重。

⇑ 千里送毫毛，礼轻情意重。

【解读】 "千里送毫毛，礼轻情意重"，说明双方都是懂礼的人，互相之间是知己、知心，怀有真情。"毫毛"只是形容礼之轻，千里之外送来足见感情之重。而受礼者不觉礼物之轻，只觉情意之重。这是礼尚往来的最好境界。人们也多用这两句话自谦礼薄，不成敬意。

【案例】 民间有这样一个传说故事，说在唐朝时，云南一少数民族首领为表示对唐王朝的拥戴，派使者缅伯高向唐太宗贡献天鹅。缅伯高在过沔阳河时，想给天鹅清洗一下，却不慎让天鹅飞走，只剩下几根鹅毛。眼见大难临头，缅伯高急中生智。到长安后，他将一个精致的绸缎小包敬献给了唐太宗。太宗打开一看，里面是几根鹅毛和一首小诗。诗曰："天鹅贡唐朝，山高路途遥。沔阳河失宝，倒地哭号啕。上复圣天子，可饶缅伯高。礼轻情意重，千里送鹅毛。"缅伯高随即讲出事情的原委，并得到了唐太宗的宽恕。

【相关名言】 1.雪中送炭真君子。(中国谚语) 2.一两重的真诚，其值等于一吨重的聪明。(德国谚语)

〔原文〕

架上碗儿轮流转，媳妇自有做婆时。
人生一世，如驹过隙。

〔白话〕 架上的碗碟轮流都会被使用，年轻的媳妇也有熬到做婆婆的那一天。人生一世，就像白驹过隙，瞬间即逝。

人生一世，如驹过隙。

〔解读〕 前两句是家常话，其中却蕴含着生活的智慧。

第一，要有耐心。我们尊重长辈，除了我们有尊老爱幼的传统，还因为先辈们通过不断实践和各种辛苦的尝试、探索，为我们积累了宝贵的生活经验。先人的成就和地位是日复一日地付出和苦熬出来的。我们对此应该报以虚心和敬意。

第二，做好当下。一个人如果不能做好当下，他也无法做好未来。不会做一个好媳妇的人，将来也做不好婆婆。这好比一个好的领导，在他做职工的时候，一般都会是一个好的职工。

后两句出自《庄子·知北游》："人生天地之间，若白驹之过隙，忽然而已。"人生在天地之间，就像透过缝隙看到白马飞驰而过，不过一瞬间罢了。人在年少的时候，总觉得日子还长着呢，往往会把时间挥霍掉。然而几十年的光阴倏忽而逝，转眼之间已经须发斑白，"未觉池塘春草梦，阶前梧叶已秋声"，真是让人感叹伤怀。

怎样珍惜如白驹过隙的人生呢？胡适先生有一首赠言诗写得好："不做无益事，一日当三日。人活五十年，我活百五十。"浪费时间的人缩短了生命，珍惜时间的人延长了生命。

〔原文〕 良田万顷，日食三升；大厦千间，夜眠八尺。

〔白话〕 家有万顷良田，每天也只不过吃几升米；即使有千间广厦，夜里睡觉也只占去八尺长的地方。

⇒ 良田万顷，日食三升；大厦千间，夜眠八尺。

〔解读〕 此则是要人知足戒贪。人应该明白，即便是拥有再多，自己所能享受的也是有限的。古代的帝王，皇宫中的房间数以千计，他日常起居所用的也不过十几间；每餐御膳有上百道菜，他食用的不过几个碗碟；后宫有成千的嫔妃宫女，他所宠爱为伴的不过几人。杜牧《阿房宫赋》中描写秦宫中盼望皇帝临幸而不得见的宫女说："一肌一容，尽态极妍，缦立远视，而望幸焉；有不见者，三十六年。"如果一个人占有很多的资源，却只用来供自己享受，那么对于社会当然不是好事。但是"人心不足蛇吞象"，明明知道生命无法承受，却还要不断地享用、占有，结局只能是早早断送了人生和性命，翻一翻历史，因为纵欲而活不过 30 岁的帝王大有人在。全国第一的生活和医疗保健条件，却短寿不如常人，不都是因为不懂节制、贪婪纵欲无度，自己作的吗？

〔案例〕 在《射雕英雄传》的最后一回中，郭靖问成吉思汗："人死之后，葬在地下，占得多少土地？"成吉思汗一怔，马鞭打个圈儿，道："那也不过这般大小。"郭靖道："是啊，那你杀这么多人，流这么多血，占了这么多国土，到头来又有何用？"成吉思汗默然不语。

〔原文〕 **千经万典，孝义为先。**

〔白话〕 千万的经典，都把孝义摆在首位。

〔解读〕 孝道是中国传统文化的核心内容之一，是中国的道德传统，历朝历代都强调以孝治天下。

父母对于子女的爱是天然的，父母把真心的爱给了孩子，孩子从父母的爱中学会了最初的爱。懂得爱父母，从而懂得爱他人。能够爱父母的人通常都有感恩之心，人们也从一个人是否孝敬父母来判断这个人是否有爱心和懂得感恩。

孔子早就说过，孝并不是简单只限于能够赡养父母，他说："至于犬马，皆能有养，不敬，何以别乎？"

这里的"义"指仁义，我们在前面已经说过，"仁义为本"是中华民族道德伦理的特质。孔子的学说称"仁学"，孔子、孟子都曾提出"义利之辨"，强调"义"的价值甚至高于生命。什么是"仁"？简单地说就是能够推己及人，能够爱他人。什么是"义"？简单地说就是有尊严、守公平、讲感情、主正义、有道德地活着。

⇑ 千经万典，孝义为先。

[原文]　　　　　**一字入公门，九牛拔不出。**

[白话]　一个字的状纸送进衙门，九头牛都拖不出来(休想很快平安出来)。

[解读]　有一篇很著名的古文叫《尚德缓刑书》，是西汉司法官吏路温舒写的，其中说：治狱，是治理天下最重要的事情之一。处死的人不可能再活过来，砍断的肢体不能再接上。《尚书》上说，与其错杀无辜的人，宁可不按章法办案。而当今治狱的官吏，把苛刻当作精明，治狱严酷的获得公正的名声，所以被处死的人的鲜血染红了集市，受到肉刑的人比比皆是。大凡人之常情，安逸就乐于生存，痛苦则想着去死。在棍棒的拷打之下，还有什么口供得不到呢？所以，被囚禁的人不堪痛苦的折磨，就屈打成招。狱吏们上奏案情时担心被驳回，就对奏报的文案反复斟酌推敲，罗织种种罪名，使人深陷其中。所以大凡罪名一经定案，即使是皋陶来听取汇报，也会认为犯人死有余辜。

[案例]　《史记·酷吏列传》中记载的酷吏周阳由暴虐残酷，他所喜爱的人，即便犯了死罪，他也曲解法律使其活下来；他所憎恶的人，歪曲法令也要把他杀死。酷吏王温舒为人谄媚，善于巴结有权势的人，若是没有权势的人，他对待他们就像对待奴仆一样。有权势的人家，虽然奸邪之事堆积如山，他也不去触犯。他玩弄法令条文，对于他认为有罪的人，必定穷究其罪，大多被打得皮开肉绽，很少能活着出狱。

〔原文〕 **衙门八字开，有理无钱莫进来。**

〔白话〕 官衙的大门呈"八"字敞开着，只有理而没有钱的人不要进来。

〔解读〕 在古代权力专制的时代，老百姓有"屈死不告状"的谚语，因为刑狱不但是威慑的工具，也是贪官污吏们让人倾家荡产、巧取豪夺创收的法宝。他们"吃完原告吃被告"，只要诉讼者或摊上刑狱之事的人没有权势背景，就是他们发财的好机会。在审问、用刑、关押、判决、处决等各个环节，贪赃枉法的刑狱官吏重点看当事人出钱多少，出得多就从轻、得到关照，出得少或没钱可出的就从重、虐待。即使是治狱清明的王朝，为官清廉的官吏依旧不在多数，所以才有如此谚语。

〔案例〕 清代文学家方苞《狱中杂记》讲得很明白：刑部官员以及司法人员、典狱官、狱卒们，都认为人关得越多越有好处，所以只要沾上一点边就给千方百计抓进来。人一进监狱，不问有罪没罪，照例先给戴上手铐脚镣，放进监房，使你吃尽苦头，在吃不消的时候，他们就教你怎样取保，以此敲诈钱财。中等以上的人家，都尽其所有出钱取保；要想解下手铐脚镣搬到条件好一点的屋子去住，费用也得几十两银子。至于那又穷又无依无靠的，就手铐脚镣都戴上，毫不客气，作为样板警告其他的犯人。所以情节重的（只要肯出钱）反能取保在外，（没有钱的）情节轻的、没罪的，却吃着苦头。

【原文】

富从升合起，贫因不算来。
家无读书子，官从何处来。

【白话】 富裕源于一升一合地精打细算和积累，贫穷是由于不会精打细算和缺乏规划而造成的。家中没有读书的孩子，怎么会有人做官呢？

⇒ 富从升合起，贫因不算来。

【解读】 升、合都是古代的容量单位。前两句强调精打细算和日积月累对于财富的重要性。虽然财富的形成是靠勤劳和创造，但是挣一块花十块，开源但不节流显然是不行的。司马迁叙述当时的致富之道说："是以无财作力，少有斗智，既饶争时。"没有财富积累的时候只能出卖劳力，稍微有些积累了就要懂得运用智巧扩大财富，等到已经富足了，就要懂得运用时势发更大的财。看来早在汉代，精明的人们就把积累、精打细算和对未来的规划作为致富的方法。人们常说，越没有钱就越爱乱花钱，越有钱（靠诚实劳动得来）反而花钱更慎重。因为没钱的人，无法感受到财富积累和有资产的充实感、安全感和成就感；已经拥有财产的人，谁也不愿意再回到一穷二白、生活无定的日子，他们更喜欢把钱用在刀刃上，以保障已有的财富，创造更多的财富。这和孟子说的"有恒产者有恒心，无恒产者无恒心"有相通之处。

后两句劝人读书，在中国古代，通过读书而走入仕途为官，是光宗耀祖的正途。就好像我们现在，只有充分地学习知识，才能安身立命，走出有价值的人生一样。

〔原文〕　**人间私语，天闻若雷；暗室亏心，神目如电。
一毫之恶，劝人莫作；一毫之善，与人方便。**

〔白话〕　人间的窃窃私语，上天听得像打雷一样清楚；暗地里做的亏心事，神灵的目光如闪电，看得明明白白。一丝一毫的坏事，也要劝你不要做；一丝一毫的好事，只要能给人带来方便，就去做。

← 暗室亏心，神目如电。

〔解读〕　此则是劝人不要做亏心事。古人认为举头三尺有神明，不管一个人的言行遮盖得多严密，隐藏得多深，神明都看得、听得一清二楚。抛却迷信的成分不谈，一个人如果有"举头三尺有神明"的意识，那么对于他时时处处的为人处世，都是一种约束。一个人可以在一时欺骗所有人，但他无法欺骗自己，也无法欺骗神明，如果他有这种意识，对于他恪守良心、不为非作歹是有益处的。人不可以没有敬畏，没有敬畏的人，什么事都做得出来，无所不至，没有底线，害人害己。

《周易·系辞》中说："小人以小善为无益而弗为也，以小恶为无伤而弗去也。"这里的"小人"是指世俗之人。因为是微不足道的小善就不做，那么也难以指望这样的人能有什么大的善举；因为看起来危害不大，甚至对自己有利的小恶而做了，这样的人很可能由小而大，发展成为大恶。人应该养成充满善意、与人为善的品行，最后大家都方便。自己不怀恶意，但见到心怀恶意之人也要小心防备。

【原文】
欺人是祸，饶人是福。
天眼昭昭，报应甚速。圣贤言语，神钦鬼伏。

【白话】 欺负别人会给自己带来灾祸，宽恕他人能给自己带来福分；天眼明察，因果报来得很快。圣贤的言语，鬼神听了都钦佩。

中国古代圣贤。

【解读】 欺人，不管是欺骗别人，还是欺负别人，最后都会给自己带来祸患。而饶恕别人则能带来福报。

因果报应的说法来自佛家，佛家因果业报的理论，可以用"假使百千劫，所做业不亡。因缘会聚时，果报还自受""欲知前世因，今生受者是。欲知未来果，今生作者是""善有善报，恶有恶报"来说明，进而引发出"诸恶莫作，众善奉行"的宗旨。虚云和尚说："佛说一大藏经，无非讲因果二字。"

中国古人信上天，信祖宗，信鬼神，也信因果报应，这都是促进人们为善去恶，对自己有所约束的因素，不应一概以迷信否定之。而且人世当中，有时候好人不一定得好报，坏人也可能没受到现世报，所以"天眼昭昭，报应甚速"也是人们对人世感到无奈以后的诉诸上天。

最后两句希望人们多从圣贤的教诲中继承道德、汲取智慧、明白事理。圣贤之所以称为圣贤，通常是因为他们揭示了自然与人世中的真理和规律。每当人类社会面临危机或新的飞跃的时候，人们总是回过头去，看看先贤们是怎么说的。

[原文]

人各有心，心各有见。
口说不如身逢，耳闻不如目见。

[白话]　每个人都有自己的心思，都有自己的主见。口里说出来不如亲身经历过，只是听说不如亲眼所见。

[解读]　每个人都有自己的心思和主见，我们要尊重他人的想法和意见。并且，不要期望能改变他人，大部分人都倾向于固执己见，包括他们的信仰、观念、好恶，甚至是穿戴风格、饮食习惯等各个方面。

　　苏轼有篇有名的文章《石钟山记》，说鄱阳湖的湖口有一座石钟山，至于为什么以"石钟"命名此山，古人有不同说法，但苏轼有所质疑。正巧他因事路过石钟山，在一个月夜探访究竟，发现水流冲击山下之山石的缝隙和中空部分，引起了此起彼伏、有如钟声相应一样的洪大声响，好像音乐演奏。在文章的末尾，苏轼感叹道："事不目见耳闻，而臆断其有无，可乎？"常言道："耳听为虚，眼见为实。"不是亲身经历、亲眼所见，就不要对人对事妄下论断，这才是认真负责的态度。认真负责的态度，是我们无论在学习、做事业、搞研究，还是在与人打交道、拓展人生道路的过程中都应该秉持的。

⇑ 苏轼游石钟山。

[原文]

养军千日，用在一时。

[白话] 长期供养和训练军队，为的是危急时刻能够用兵打仗。

[解读] 人要做成一件事离不开"养"和"用"，不"养"，临事时没的可用；"养"得不好，临事时用不上。"养"好了，用得不及时，恐怕错过难得的机会。

养花，勤劳地浇水、施肥、护理，是为了花能开得美丽；养马，精心饲育，朝夕照顾，是为了马能奔驰千里；千日养军，刻苦训练，为的是战时能胜。从某种角度说，积极有为的人生就是要把握好"养"和"用"的关系。"养"要精心，耐心，全力以赴，持之以恒；"用"要看准时机，抓住机遇，迅速果断。

[案例] 战国时期赵国大将李牧据守雁门，防备北方匈奴进犯。他用心养军，厚待将士，加强骑射训练，但是约法将士，遇有匈奴来犯，立即收兵防御，不可与之开战。如此几年，匈奴以为李牧胆怯，将士们则因为总是受到厚待赏赐而无从报效出力，都希望得到打仗的机会。被假象所蒙蔽的匈奴无所顾忌地派大批人马前来掠夺，被李牧出奇兵包抄反击，死伤十多万。此后十多年，匈奴不敢再犯赵国边境。

⇑ 李牧军破匈奴。

〔原文〕

国清才子贵，家富小儿骄。

〔白话〕 国家政治清明，才子就得到重视；家境富裕，小孩儿容易骄纵。

〔解读〕 在历史上，政治比较清明的朝代，就会重视教育、重视人才，才俊之士就会得到尊重和任用。反观战乱不息、苍生涂炭的时期，武人当权就比较普遍，社会中常弥散着暴力、残酷的风气。十六国、五代十国时期便是例子。

"家富小儿骄"是容易出现的现象，是良好家庭教育所要避免的。古代豪富而无教的子女往往性格骄傲甚至骄横，轻则无法与人平等和谐相处，重则侵犯乃至伤害他人，成为害群之马。有教养的家庭，纵然家境优渥，孩子也懂得谦恭节俭，像我们前面讲过的写了《训俭示康》的司马光，出生于官宦之家，后来又做了大官，但他从小到大都保持着俭朴勤奋的作风。

〔案例〕 （1）汉文帝一心谋求国家的安定，重用了年少有才名的贾谊，征召贾谊入朝委以博士之职，当时贾谊才 21 岁。

（2）唐太宗任人唯贤，不问出身，不计前嫌，选拔了大量的人才。

（3）北宋仁宗赵祯，诚心求治，知人善任，贵为天子但能约束自己，对人比较宽厚，亲政三十多年，名臣、人才辈出，如韩琦、富弼、范仲淹、欧阳修、司马光、包拯、苏轼、周敦颐、张载……

【原文】

利刀割体伤易合，恶语伤人恨不消。

【解读】 利刀割了身体，伤口尚且容易愈合；一旦恶语伤人，记恨就不易消除。

⇒ 利刀割体伤易合，恶语伤人恨不消。

【白话】《增广贤文》中有若干则劝诫人不要恶语伤人的箴言。历史上、生活中确实有很多这样的经验教训——人与人之间一般性的矛盾、冲突，哪怕是一些不太严重的肢体冲突都有化解的可能，但是如果说了伤人的话，有时候会结下死仇，让人记恨很久。所以一定要慎言，即便你占据正义，也不要恶语伤人。

【案例】（1）唐代宗从陕州启程返京。左丞颜真卿请求代宗先拜谒祖宗陵庙，然后再回宫，时任宰相的元载不听从他的建议，颜真卿愤怒地说："难道朝廷还能经受住你再去败坏吗！"元载由此对他怀恨在心，后来给颜真卿安上诽谤朝廷的罪名，将其贬出京城。

（2）十六国时期后赵的太子詹事孙珍患眼病，向侍中崔约讨求治病的药方。崔约开玩笑说："向眼中溺尿便可痊愈。"孙珍说："眼中怎能溺尿？"崔约说："你眼窝深陷，正适合溺尿。"孙珍为此怀恨崔约，将此事告知后赵皇帝石虎的儿子石宣。石宣的面貌在兄弟中最具有胡人的特征，眼窝深陷，听说此事勃然大怒，随即诛杀了崔约父子。

【原文】 # 公道世间惟白发，贵人头上不曾饶。

【白话】 世间只有白发（生命的时光）最公道，即使是达官显贵的头上，也不饶他不变白。

↑ 公道世间惟白发，贵人头上不曾饶。

【解读】 时间和生命本身对于每个人都是公平的，不管你有多富贵，都无法阻挡时间的流逝和年华的老去。历代帝王以各种手段追求长生者遍布史册，无一能逃脱生命的时限。为人民做好事的人"死而不亡"，永远活在人民心中；倒行逆施、危害人民的人在生前死后都被咒骂唾弃。

【案例】 历史上为追求长生而寻找和服用仙丹神药的帝王不少，如《史记·秦始皇本纪》载："（秦始皇）因使韩终、侯公、石生求仙人不死之药。"然而秦始皇只活了 49 岁。在唐代，有唐太宗、唐宪宗、唐穆宗、唐武宗、唐宣宗直接或间接死于服用丹药。

【相关名言】 1.时间像奔腾澎湃的急湍，它一去无还，毫不留恋。（塞万提斯）2.你珍重生命吗？如是，就别浪费时间。时间不就是造成生命的材料吗？（富兰克林）

〔原文〕 **有钱堪出众，无衣懒出门。**

〔白话〕 有钱的时候能够在人前显示，没有好衣服穿，门都不愿出。

⇒ 有钱堪出众，无衣懒出门。

〔解读〕 此则意在说明财富对人的重要性。中国古代的士人虽然视安贫乐道为高洁的德操，但是像《增广贤文》这种富于经验和智慧的箴言集依然反映出现实中真实的情况。司马迁说："故君子富，好行其德……人富而仁义附焉。"对那些品行并不恶劣的普通人来讲，在财富充裕的情况下做出一些慷慨之举是可以期待的。慷慨是大部分人在富裕的情况下都会自然拥有的美德，许多人吝啬，是因为经济条件所限。这里的"堪出众"，不应仅仅是在众人面前显示、炫耀，而且应该担当起富裕人士应该担当的责任，表现出慷慨、乐善好施的美德。

俗话说："人靠衣装马靠鞍。"高贵而得体的衣服可以烘托、提高人的形象和地位，给人尊严和体面。在贫困的情况下，无钱置办衣装，谁愿意穿着破旧寒酸的衣服出门？会让别人怎么看自己？因此"懒出门"是自然的事。

在衣着上，以勤俭持家为信条的清末名臣曾国藩也未能免俗。看看《曾国藩家书》和《曾国藩日记》就会知道，他在做京官的十年当中，为置办体面的衣冠袍褂花了不少银子，这期间借的债就有这个用项。

〔原文〕 **为官须作相，及第早争先。**

〔白话〕 做官就要做到宰相，科举考试就要争取名列前茅。

⇑ 管仲得到鲍叔牙推荐，担任国相，辅佐齐桓公成为"春秋五霸"之首。

〔解读〕 这两句是说做事要尽量做到最好，功名的起步和落实尽量要早。放在今天来说，就是一个人打下学业的基础，定好专业方向，为一生的职业做准备，越早越好，并且要有奋勇争先的精神，力求出类拔萃。

历史上，能够全面发展，既能居庙堂之高，忧国忧民，有所作为，又能在学术文化上有卓越建树的人物，很多都是及第很早的。唐代贤相宋璟少年时博学多才，弱冠中进士，不满 20 岁；王维 21 岁中进士；白居易 29 岁中进士；司马光 20 岁进士及第；欧阳修 23 岁进士及第；范仲淹 26 岁中进士；苏轼 21 岁中进士⋯⋯尽早地取得了功名，使他们事业的起步、与杰出人士的人际的拓展、个人视野的开阔，都比他人先行一步，而且起点颇高。他们不再需要把大好的青年时光用在一遍一遍的考试上，可以及早地做事，发挥人生的价值。

及第不是成才的唯一标准，李白、杜甫都仕途不顺，但他们的作品光照千古，被称为"诗仙""诗圣"。重要的在于自己有志，自强不息。有句民间流传的话说："种树最好的时间是在十年前，其次是现在。"

【原文】　　　　　　# 苗从地发，树向枝分。

【白话】 禾苗从地里长出来，树枝从树干上分枝生长。

⇒苗从地发，树向枝分。

【解读】 前一句是说一切事物都是由根本发展出来，后一句是讲事物从根本发展，逐渐呈现出千枝万条的纷繁。

　　绿油油的一望无边的禾苗长势喜人，是因为它们生长的田地肥沃，耕作整理得好。《周易·屯卦》是讲万事开头难，要扎好根，苗才长得苗壮。"屯"字是个象形字，它表现了种子的幼芽顶破地面成为幼苗的情景。"屯"字给了我们一个重要启示：要想苗壮，必须根好、根扎得深。求学、做事都是如此，要在根本上下功夫。基础打得好，发展才可持续。

【案例】 以我们中国人的姓氏来说"树向枝分"。上古时代，有姓有氏，姓是一个宗族的族号，不少古姓如姚、姜、姬、嬴等都加女旁，这说明人类曾经历过母系社会。同姓人都是同一位女性始祖的子孙。后来由于子孙繁衍，同姓一族分为若干支散居各地，各个分支的子孙除了保留姓以外，另外为自己取一个称号作为标志，这就是"氏"。氏主要以封地、居住地及世袭的官爵等相称。中国上古时期著名的八姓有姬、姚、妫、姒、姜、嬴、姞、妘，据有关统计，由姬姓演支出 400 余姓，占《百家姓》总姓 504 姓的约 80%。

〔原文〕 **父子合而家不退，兄弟和而家不分。**

〔白话〕 父子和睦家道不会衰退，兄弟和睦，家庭就不会分崩离析。

〔解读〕 此则意在说"家和万事兴"。古语说："未有和气萃焉，而家不吉昌者。未有戾气结焉，而家不衰败者。"从来没有家庭和睦而不兴旺发达的，从来没有家庭郁结暴戾之气而不衰败的。孟子说："人必自侮，然后人侮之；家必自毁，而后人毁之；国必自伐，而后人伐之。"在一般情况下，一个家庭的衰退，常由于家庭内部的矛盾不断。如果家庭成员同心同德，齐心协力，就算是遇到困难灾祸，通常也能克服化解。

〔案例〕 袁绍的两个儿子袁谭、袁尚，在袁绍死后，曹操大兵压境的情况下，依然不能精诚合作，反而相互猜忌，手足相残。袁谭打算进攻袁尚时，他的别驾王脩（xiū）劝阻他说："兄弟之间的关系，好比是人的左、右手。假如一个人要与别人争斗，先砍断自己的右手，还说'我一定能胜'，难道可以吗？抛弃兄弟而不亲近，天下还有谁能亲近？与兄弟重相和睦，齐心协力，抵御四方，可以横行于天下。"但是袁谭不听。刘表也曾写信劝和袁氏兄弟，也没有效果。最后，袁氏兄弟为曹操所败，都死于非命。

【原文】

官有公法，民有私约。
闲时不烧香，急时抱佛脚。

【白话】 国家有国家的法律，民间有民间的契约。平常无事的时候不烧
香敬佛，紧急关头时却想起求佛祖保佑。

⇑ 官有公法，民有私约。

【解读】 前两句是讲法律与契约。一个社会正常运行、维持安定的基础
在于信用。孔子说："民无信不立。"政府以法律和政策为信用，民间
以契约为信用（实际上，政府所签署的契约当然也要讲信用）。信用和
契约精神，被认为是一个文明社会所必备的发展基础。

　　不少人有过类似的经历：一个暑假的作业没有写，快开学了，匆
匆忙忙地赶作业；平时功课抓得不紧，要考试了，"开夜车"补课；没
事时，应该关心的人不去关心，与人没有交情，有急事则现去联络感
情以相求。这些做法的效果都不好。尤其不好的是，这是一个急惰误
事的坏习惯。

　　天下事物都有一个成长和变化的过程。人要做成一件事，一般都
要有开始的投入、中间的经营和努力，才可期望成功。不耕耘却期望
得到收获的人，他能有所得的概率极为渺茫。

〔原文〕 **幸生太平无事日，恐逢年老不多时。**
国乱思良将，家贫思贤妻。

〔白话〕 庆幸生在了太平安定的世道，唯恐到了老年，这样的太平日子就不多了。国家战乱时常思有良将平定局面，家境贫困时常思有贤妻来料理家事。

国乱思良将，家贫思贤妻。

〔解读〕 古人说："宁为太平犬，莫作乱离人。"从历史上人口增减的情况来看，每逢战乱的时代，人口都急剧减少，如东汉末年到三国时期、东晋末年和十六国时期、隋末、安史之乱、唐末和五代十国时期，全国人口都损失一半以上。曹操诗中所描述的"白骨露于野，千里无鸡鸣"不是文学的夸张，而是现实的写照。所以，中国古人对战乱不息、苍生涂炭的年代有着深刻的恐惧，故而感慨之。

在战乱的年代，国君们都希望招引到能作为贤辅良弼、能征善战的大将以保国安民、平定四方，都不惜用高官厚禄来吸引贤才，从春秋战国以降，无不如此。

家里贫困的时候，若得贤妻料理扶持，家道会有明显的好转和起色，《聊斋志异》中有不少类似的故事，寄托着古代读书人对贤妻的向往。

【原文】 **池塘积水须防旱，田土深耕足养家。**
根深不怕风摇动，树正何愁月影斜。

【白话】 池塘里蓄满水是为了防旱，土地深耕细作是为了多打粮食来养家糊口。树根扎得深就不怕大风摇动，树干长得直就不怕地上的影子斜。

【解读】 前两句劝诫人们要未雨绸缪，有备无患。《周易·系辞》中说："百物不废。惧以终始，其要无咎，此之谓《易》之道也。"这是说，《周易》的精神所在，就是要人们有戒惧敬畏之心。一个人的一生能保持戒惧敬畏之心，一个国家的民众常能居安思危，就能避免大的祸患，能有持续的发展。祸患常常在人们志得意满、认为万事大吉的时候，悄然积聚。西方有句名言说："确保安全的方法就是永远不要感到安全。"

后两句是劝人要做好自己。一座楼的地基打得越深，楼就可以盖得越高；一个人的才能的根基打得越深厚，这个人的前途就越广阔。个人价值大的人，不会因为世道的变化而被埋没。一个人如果能保有良好的品行，何必忧虑外部的议论、干扰、影响？身正不怕影斜。

需要注意的是，在为人处世中，即便行得正做得正，也不该有恃于此而忽略人际相处的技巧和分寸，历史上有多少忠良之士毁在直言直行无忌上。孔子说："人而不仁，疾之已甚，乱也。"（对不仁的人憎恶太过，也是一种祸害。）

[原文] **奉劝君子，各宜守己。只此呈示，万无一失。**

[白话] 奉劝天下的君子们，做事都要安分守己，要是能做到上面所说的一切，就可以保证你们万无一失，一生平安。

[解读] 这是本书的结语，认为人只要能守住自己，加强自律，常常读读这本书中的话，就可以保一生平安。普观《增广贤文》中的话，虽然也有宿命论、避世思想、消极态度、迷信说法等掺杂其间，但是这些俗话、谚语、箴言、警句非常贴近生活的现实，具有很强的实用意义，用它们来保证一个人生活的平安是没有问题的。

《增广贤文》中有很多强调人要知足、知止、不争、谦让、宽恕、豁达的句子，这些思想与人生的奋斗并不冲突，不能将它们简单地归为消极的态度。一个人，只有有能力保护自己生命的平安，他才能有持续的奋斗力，才能熬过黑暗的时期，为人们保留火种，保留正义，保留文明，保留希望。只是逞一时之愤，因为坚持一时的是非曲直而丧身殒命，虽然精神和勇气可嘉，但终究是正义与光明的损失。《诗经》中说："既明且哲，以保其身。"意思就是明智的人善于保全自身。

懂得知足与知止，人就不会陷入欲壑难填与放纵无度的旋涡；懂得不争、谦让和宽恕，人就能得到更多的支持和更好的发展环境；懂得敬畏，人就不会毫无底线；一个人的心胸开阔、豁达大度，他就能够不受小人小事的影响，保持身心的安康，并且能够凝聚人心，带着大家一起走出风雨，走向光明。

⇐奉劝君子，各宜守己。只此呈示，万无一失。

图书在版编目（CIP）数据

增广贤文 / 任犀然编著 . -- 北京：东方出版社，2023.7
（国风新绘）
ISBN 978-7-5207-3451-6

Ⅰ.①增… Ⅱ.①任… Ⅲ.①古汉语—启蒙读物 Ⅳ.① H194.1
中国国家版本馆 CIP 数据核字（2023）第 081705 号

增广贤文

（ZENGGUANG XIANWEN）

编　　者：任犀然
责任编辑：张永俊　王金伟
责任审校：蔡晓颖　金学勇
出　　版：东方出版社
发　　行：人民东方出版传媒有限公司
地　　址：北京市东城区朝阳门内大街 166 号
邮　　编：100010
印　　刷：保定市中画美凯印刷有限公司
版　　次：2023 年 7 月第 1 版
印　　次：2023 年 7 月第 1 次印刷
开　　本：787 毫米 × 1092 毫米　1/16
印　　张：19
字　　数：289 千字
书　　号：ISBN 978-7-5207-3451-6
定　　价：98.00 元
发行电话：（010）85924663　85924644　85924641
